PLATFORM STRATEGY

BUSINESS MODEL IN REVOLUTION

平台战略

正在席卷全球的商业模式革命

陈威如　余卓轩◎著

中信出版社 · CHINACITICPRESS · 北京 ·

图书在版编目（CIP）数据

平台战略：正在席卷全球的商业模式革命 / 陈威如，余卓轩著. —北京：中信出版社，2013.1（2024.12重印）
ISBN 978-7-5086-3756-3
I. ①平…　II. ①陈…　②余…　III. ①商业模式–案例　IV. ①F71
中国版本图书馆CIP数据核字（2012）第289822号

平台战略——正在席卷全球的商业模式革命

著　　者：陈威如　余卓轩
策划推广：中信出版社（China CITIC Press）
出版发行：中信出版集团股份有限公司
（北京市朝阳区东三环北路27号嘉铭中心　邮编　100020）
（CITIC Publishing Group）
承 印 者：嘉业印刷（天津）有限公司

开　　本：787mm × 1092mm　1/16　　印　　张：18.75　　字　　数：179千字
版　　次：2013年1月第1版　　印　　次：2024年12月第52次印刷
书　　号：ISBN 978-7-5086-3756-3 / F · 2788
定　　价：58.00元

感谢我的妻子与孩子，在我长时间研究写作过程中的包容与支持，也特别谢谢 INSEAD 与中欧商学院提供让思考沉淀与拔高的学术环境。

——陈威如

谨献给 Jcss 与 Chloe。在我历经职业探寻道路最艰辛的那段过程当中，感谢你们的陪伴。也特此谢谢上海、台湾及北美的创业者朋友们，提供给我们的诸多意见与协助。

——余卓轩

推荐语

迄今，平台商业模式已显示出赢家绝对通吃的超级威力和创造性的破坏本质。如今，特别是当下这个基于云端的移动互联网时代，有雄心的企业在制定战略时，必论平台，但能做成平台的乃凤毛麟角；商业分析和报道通篇都在讨论平台，却也是看热闹的多，看出门道的少。

陈威如、余卓轩两位先生的《平台战略》一书是少有的透过平台热闹看出诸多门道，把庞大繁杂的生态系统说清楚，找出平台滥局不确定性背后的商业逻辑的财经图书。

如果你通读全书，你还会发现，这本书如同《数字化生存》、《长尾理论》等让我们豁然开朗的优秀财经宝典一样，都能及时洞察商业世界中分水岭式的革命性脉动，提炼超前的理念，还能深入地进行系统分析和实证研究，提供有实战操作价值的策略方法。

——程三国　资深出版人，百道网创始人、总裁

在互联网和移动技术高速发展的背景下，不少公司借由平台概念取得了巨大成功。但平台需要具备什么特征？是否具有双方交易或互动就是一个平台？是否有通用的平台成功法则？平台是否可以成为企业竞争战略？学界过去一直没有围绕平台概念进行系统的讨论，现在很高兴看到陈教授通过多年的研究和总结，在严谨的分析框架下，利用通俗的语言，首次全面归纳介绍平台的组成要素、机制设计、成长过程和平台竞争，并结合平台概念对很多实际案例进行剖析、点评。

在我的实践经验中，平台的双边特点，区别于传统的垂直竞争战略，其主要魔力在于实现"网络效应"。平台战略适用于很多行业，并不是互联网行业所特有的，信息技术只是让实现网络效应的成本更低、效应规模更大。信息技术在企业实施平台战略中，是一个助推器、也是一个放大器。相信陈教授、余先生的《平台战略》有助于创业者、企业经营者完善思考框架，有助于大多数读者了解众多最新商业模式，理解为什么今天的新兴平台企业更具有颠覆性和爆炸性。

——陈华东　维络城联合创始人

在《平台战略》一书"序章"中，作者陈威如、余卓轩描述了两名普通人的日常生活，一名是美国女子珍妮弗，另一名则是中国男子刘邦。在他们日常生活、工作所接触的服务和产品中，我看到了盛大文学的名字。

的确，盛大文学成立四年多以来，已经步入了中国网民的日常生活。你或你的朋友新买的图书、手机上的小说、正追看的电视剧，都可能与盛大文学有关。我们占据了中国网络文学市场72.1%的市场份额，是国内最大的民营图书出版公司，也是根据网络原创文学作品改编影视剧作品最多的公司，盛大文学已经成长为中国最大的社区驱动型网络文学平台。

按照《平台战略》一书的定义，“平台商业模式指连接两个（或更多）特定群体，为他们提供互动机制，满足所有群体的需求，并巧妙地从中赢利的商业模式。”从这个角度出发，盛大文学连接了作者和读者这两个文学领域最核心的群体，以此为基础构建出一条完整的文学产业链，并凭借一套运营机制，为多边群体提供最贴心的服务，形成“同边网络效应”。

盛大文学“千字三分”的商业模式也许并不“巧妙”，但这一事业本身已经足够伟大，并充满令人激动的想象力和创造性。

每一个时代都有属于自己的文学，如唐诗、宋词、元曲、明清小说。20世纪80年代是纯文学。那么，对于“80后”、“90后”甚至未来的“00后”来说，他们这个时代的文学又是什么呢？我认为是汪洋恣肆的、充满幻想的类型小说。盛大文学继承了中国传统文化基因的中国网络文学，已经与世界性写作同步，正在构建一个恢宏的想象力世界。

我们正身处一个“迈向平台战略的引爆时代”。在这个时代里，在人们生活中不可或缺的元素里，我希望盛大文学能够给更多人提供精神产品服务。也希望在“地球村村民”身边，出现越来越多的中国企业的身影。

——侯小强　盛大文学首席执行官

电子商务正在催生以小前端、大平台、富生态为特征的新商业格局。平台既是支撑小前端的基础，也是衍生富生态的土壤。如何认识平台，发现和确定与平台的关系，培育或适应平台生态，无疑是未来每个企业最关键的战略思考之一。

——梁春晓　阿里巴巴集团副总裁，阿里研究中心主任、高级研究员

《平台战略》这本书写得非常不错，对平台的规律有很系统的分析。我向每一个有志于通过移动互联网“改变世界”的朋友推荐本书。在书中，作者通过现实的例子，深入浅出地分析了平台模式的来龙去脉，尤其对平台模式的关键因素——“生态圈”的规律进行了系统的分析。以科大讯飞这样以语音核心技术优势切入市场的企业为例，在如何构建以“语音云”为基础的语音应用开发者生态圈，让开发者做自己擅长的事情而且能得到良好的商业回报，具有非常好的启发和参考价值。

——江涛　科大讯飞副总裁

最近在看央视财经频道的节目《货币》，它以开放、通俗、生动的方式来解读货币，给普通百姓提供了一个能够客观地认知货币的渠道，备受各界好评。

陈威如教授和余卓轩所著的《平台战略》，以同样的方式来分析“平台”这种商业模式，并通过大量的极其生动的案例，阐述了在现代社会中怎样设计“平台”这种商业模式，如何在商战中引进创新思路，使企业健康茁壮地成长，最后探讨了在竞争和覆盖等各种危机并存的情况下，应该如何打造一个多方共赢的平台生态圈。

《平台战略》是一本为数不多的研究现代商业及互联网赢利模式的书，深入浅出地讲解了对普通人来说高深莫测的平台商业模式，使得这种商业模式能够从商学院步入现实生活，为准备创业的有志之士提供了经典的成功范本。

这本书更具价值的地方在于，它还为我们生活中的各个方面提供了可供借鉴的创新思路。比如，在工作上，选择什么样的时间点把工作重点进行战略转移；在生活中，如何把自己从“付费方”调整到“被补贴方”等。

《平台战略》不仅可供商学院的学生阅读学习，其他任何专业的师生都可用来参考，通过它可以拓宽视野，增强对事物的综合分析能力。我曾有幸参加过陈教授在中欧国际工商学院执教的《平台战略》课程，课堂中使用陈教授的分析框架将去哪儿网的业务以及发展历程进行了抽象和总结，顿觉豁然开朗，这种思考的框架是每个人在工作生活中都要着重积累的，它会极大提高思考的效率和准确度。

因此，我极力将此书推荐给那些渴望知识和创新的人们。

——彭笑玫　去哪儿网执行副总裁

平台是近年来互联网发展中出现的最突出的现象。因此，对平台商业模式的探讨就显得特别有意义。陈威如、余卓轩先生这本书的推出可谓恰逢其时。

——王俊秀　信息社会问题专家

中信出版社于中国商业思想普及推动颇多，其中尤以引进外国作品为特色。这部本土作家作品，虽为本土名分，但若深入其中，你会发现，作为商学院教授的作者陈威如具有良好的国际视野。特别是本书结合中国特色环境，殊为不易。有幸阅读本书初稿，读来有趣轻松，获益良多，于平台概念外，更可获得解剖中国商业发展之方法，这是第二个重要价值。

——康国平　IT评论人，桃花源私微博用户体验导师

平台及战略处处可见，却又常常被忽略及误解。《平台战略》堪称是第一本将平台战略描述得如此详尽的书。在社会人文及商业环境的改变过程中，将平台战略的思考纳入决策的范围中更显重要，书中所提到的精辟见解为我们在面对混沌及复杂的经济环境提供了正确、良性的思考方向及方法。

我推荐将平台战略纳入企业经营转型的重要思考，同时也推荐用平台战略去观察当前及未来的经济活动，当然我更加推荐用平台战略去执行商业模式的创新。

——黄彦达　Diplomat外交官集团中国市场部总经理

目录

序一

中信出版社不仅出版了我的处女作《创业36条军规》，也是一系列思想书籍的出版者，如今《平台战略》即将出版，我愿意共襄盛举为此善事尽一分绵薄之力。平台战略这个方向我非常感兴趣，尤其是在去年和今年，关于是否应该做平台以及能否做平台的讨论一直很多，其中很多参与者都是我的故友新交，我对这个话题的思考确实多一些。

做平台之所以会成为几乎所有有企图心企业的梦想，我想主要原因有两个：一方面是因为平台处于产业链的高端，不但收益丰厚、主动权大，在竞争中也会处于较为有利的位置，往往可以号令天下莫敢不从；另一方面也是因为平台的商业模式比较好，这是一种可以让所有合作者共赢、经营越久价值越大的商业模式。

然而天下没有免费的午餐，虽然平台模式如此诱人，但平台战略也是最难成功的一个战略。

首先，选择平台战略的企业需要有能力累积巨大规模的用户。至少需要获得同行中规模第一的用户，这是一个非常大的挑战。在我的经验里，要在一个大市场中做到用户规模第一不仅需要产品过硬，还需要正好契合用户强烈需求的市场机缘，甚至需要找到行之有效的市场推广手段，从某种角度说是可遇而不可求。

其次，选择平台战略的企业需要提供给用户有着巨大黏性的服务。一般而言，只要为用户提供一个强需求产品就足以成功，但是如果想做成平台，仅仅靠给用户提供产品是远远不够的，这类企业必须是服务型企业，而且应该服务于用户的硬需求，实际上这类服务是屈指可数的，竞争之激烈可想而知。

最后，选择平台战略的企业需要有合作共赢、先人后己的商业模式。中国人习惯“吃独食”，企业但凡有点儿实力，便希望产业链上下游都由自己做，所有利润自己通吃，这种思路是做不成平台的。所谓平台，是为别人搭建的，让别人来赚钱的。只有在平台上经营的合作伙伴良性成长，平台才能生存和壮大；只有让合作伙伴赚大头、自己赚小头，才能做成所有合作伙伴的平台。如果没有这个理念，便不可能做成平台。简而言之，做平台需要的是“以德服人”，而非“枪杆子里面出政权”，只有做到合作伙伴做不到的事儿或者比合作伙伴自己做性价比更高的时候才能成为平台。

在构造平台的过程中，创业者需要审时度势，即如雷军先生所言的“顺势而为”，如果历史给予我们一个做平台的机会，我们就应该摆正理念、设计好符合平台的商业模式、把握住机遇，深入实施平台战略，做一个在用户心中占有一席之地的平台；如果老天没有给我们这个机会，我们就踏踏实实做一个垂直服务企业，用好平台。

孙陶然　北京大学企业家俱乐部执行理事

拉卡拉支付有限公司创始人、董事长兼总裁

《创业 36 条军规》作者

序二

第一时间拿到中信出版社送来的《平台战略》书稿，我便被委托为本书写序。因平台战略是目前互联网从业人士最关注的领域，中信出版社这一主题的精彩图书，恰逢其时。本人不才，正处于中国互联网下一个十年发展机遇的十字路口，也就愿意就“平台”这一话题，和读者以及业内人士共同学习，作一些讨论，推介。

国内商业图书的畅销榜，长期被国外作者所占据，从《影响力》到《长尾战略》，从《蓝海战略》到《Facebook效应》，无一例外。国内作者，很少敢挑战这一领域。这一方面是因为读者的原因，更主要还是作者的因素。读者喜欢购买、阅读登上过国外排行榜的商业管理类图书，似乎靠一本书就能给自己答疑解惑。于是，各类商业和管理类图书，不断登上国内图书的畅销榜。这些图书，打开了中国人的视野，对推动中国企业的发展，起到了非常大的作用。相比而言，国内的商业作家，除了写各种成功和失败的故事以及商业人物的图书能引起一些波澜，纯商业理论方面的著作，鲜有大受欢迎的。很多作家写的书，甚至没有机会出版。

《平台战略》一书，给我眼前一亮的感觉。首先，概念通俗易懂，提炼的观点有直接指导意义。作者敢于挑战商业写作的难点，已是难能可贵。其次，作者在本书中，提出了多个具有一定创意的商业概念，比如本书的核心“平台生态圈”的概念，“利润池之战”、“机制设计”、“突破引爆点”。这些创新概念，从图书目录就能窥其一斑。

谈及平台战略，可以拿新浪微博来做例子，实际上，新浪自新闻平台开始，直至现在新浪微博平台的整体发展，一定程度上都是平台战略推动的。新浪所取得的成就甚至说有一些遗憾，也都和平台战略有丝丝联系。做平台战略，是很多互联网人士的梦想。可以说，从互联网巨头，到小型创业企业，都有这样的梦想，或者是野心。在国外已经被证明是成功的战略，国内互联网从业者，看到、理解并吸收得非常快。亚马逊、Facebook等的巨大成功，让互联网成为最易达到平台顶端的领域。产业链的统合，因为互联网和平台战略，让胜出者越发容易控制产业收益、激发网络效应、突破引爆点并最终实现“赢家通吃”。

未来商业模式的竞争，主要是平台的竞争。中国互联网平台战略的启动，借由对用户利益的分配机制的探索，慢慢找到了开启的钥匙。目前来看，在国内互联网企业各自圈地的大背景下，各家企业的竞争看似渐趋稳定，甚至毫不相干，收获着自己的独特用户，维护着各自的利润。但因为平台战略的推动，很多相安无事的同业对手，可能一夜之间便成为主要竞争对手，甚至不得不在市场上激烈厮杀。这是一个越来越明显的趋势。那么，平台企业到底该如何面对这些挑战？新进入的对手，或固有的老对手应如何实现企业市场内的你我攻防？或者领先者如何巩固“赢家通吃”的状况？这些问题值得每个从业者认真思考。本书提供了一些思考的方法，给出了部分答案或看法。作者毕业于美国名校，又在国内商学院任教，其独特的战略性思维对国内从业者，极具参考价值。

互联网为平台的概念提供了前所未有的契机，让其以令人难以置信的速度和规模席卷全球。新浪网的平台战略，或者说新浪进一步发展的战略，需要建立拥有核心竞争力的服务理念。新浪从1999年开始实施新闻战略，到2009年确立微博平台战略，在中文互联网信息平台领域，已确立了明显的优势。微博就是符合平台战略的产品，随着其服务水平的提升，将建立起竞争壁垒。新浪微博的快速发展，就符合《平台战略》中提到的胜者的逻辑以及平台规模无限扩张等思想。虽然本书对微博平台的分析并不特别深入，但依然要推荐有志于开发微博平台的企业、合作方以及开发者，和新浪微博一起，以平台战略将其做大做强。不做平台者，在加深了对平台战略的理解后，也可以更好地在互联网领域找到适合自己的位置。

《平台战略》是一本有中国特色，但却具有明显国际视野的管理类图书。这类图书的优劣，不取决于作者名气，更无关出版社商业操作，而在于作品能否给读者提供一份深入思考的引子。国内商业图书往往灌输多于引导，视阅读对象为嗷嗷待哺的婴儿，忽视其中应有的互动，结果导致图书速朽，难以承载更长久的精神使命。读者应该更好地与图书互动，真正理解平台战略。希望《平台战略》能为更多有志于互联网创新、创业和守业的管理者提供新的思路，找到下一波互联网革命浪潮的引爆点。

陈彤　新浪网执行副总裁、总编辑

序言

珍妮弗是位生长在美国的妙龄女子。早晨起床时，她睁开眼的第一件事就是从床边抓起智能手机，看看公司有没有发来新的电子邮件。信件倒是没有，但她发现手机的即时通信软件多了一条群组信息。那是她几个姐妹发来的，相约今晚一起去市中心新开的酒吧，里面还附上了交互式地图。然而直觉告诉她，似乎有哪里不大对劲儿。

她揉了揉眼，想起就在几天前，她在Zagat餐饮评论网上看到过人们对这家酒吧的评价，食物、音乐、气氛确实都拿到五颗星，但最重要的酒水饮料——似乎令人失望。

珍妮弗决定把这个消息告诉姐妹们。然后她起床梳洗，换上运动装，戴上耐克（NIKE +）的记录表，并把一个小巧的传感器放在跑步鞋里。接下来的一小时，珍妮弗沿着社区旁的公园慢跑，享受清晨的阳光。回到家，记录表自动将她今天跑步的里程、时间，还有消耗的能量等信息输入系统。她看了看耐克社群里朋友们发布的数据，发现自己比其他人提前达到了默认目标。不出几秒就有人来留言，恭喜她达到本周的运动目标。她开心地将这一结果分享在Facebook（脸谱网）上，顺便瞄了一眼朋友们的生活记录，看看他们最近都在忙些什么。

早上7点半，她驾着通过社交通勤网站借到的车子，载着住在附近的两位邻居，一同前往市中心各自的上班地点。事实上，她当初并不认识这两位邻居，但他们现在成了好朋友，不但一同上下班，还一起上烹饪课，并把各种美食相片上传到分类图片社群网——Pinterest上，聚集了很多美食爱好者来研究食谱。在车上闲聊时，其中一位邻居说他正在筹备去欧洲旅行，通过一个名为Servas的友谊连接平台，找到了一个有意收留他的家庭，这么一来，整趟行程的酒店费用全省下了。

到了公司，珍妮弗在电脑上打开了好几个网页，边看全球经济新闻，边检视职业社交平台LinkedIn里的产业信息。有好几个猎头发私信给她，但她浏览过后决定先不予回应，毕竟，她正在使用公司的电脑。此时Skype（网络电话）突然响起，是顾客打来的，急着跟她说某些产品出了问题。她立刻从共享硬盘Dropbox的商务信箱里下载对方早已上传的十多个PDF文档，准备先研究一下再呈报给主管。

好不容易熬到中午休息时间，珍妮弗松了口气，拿着从Groupon（团宝网）买来的团购券来到附近一家墨西哥餐厅。走进餐厅，她想起要在Foursquare（四方）打卡，便开启了智能手机的地理位置追踪功能，令她大吃一惊的是，她领到了经常光顾这家餐厅的荣誉勋章，这使她相当开心。然后，珍妮弗坐了下来，手中拿着亚马逊的Kindle（电子阅读器），一边阅读最近火爆的奇幻小说，一边咀嚼鸡肉卷饼。

午休过后她调整好心情回到工作岗位上。这时，她通过阿里巴巴的国际贸易平台，为公司找到了远在中国，却符合采购条件的供应商。与她接洽的中国人刘先生迅速提供了报价。她比对各厂商的条件后，决定与这家公司合作。

信息传到大洋的另一端，这位叫刘邦的中国人开始着手订单流程，因利润再度突破纪录而雀跃不已。

此时是周末一大早，刘邦花了整个上午的时间处理从环球资源（Global Sources）、中国制造网（Made-in-China），以及阿里巴巴三个贸易平台上获取的订单，然后交给员工进行下一步处理，才放心地开车回家，享受周末。

中午左右，他开车回到大楼前，卡片形的车钥匙即成了全能的传感器。车库门自动打开，家里的大灯、电视和热水器在他踏进门前就已开启，墙上的屏幕加载了管理委员会公布的信息，以及每层楼住户的回应。

过了不久，他上大学的儿子回来了。儿子一进家门就直奔房间，里面立刻传来从搜狗网上下载的流行歌曲。同时，儿子打开盛大文学网络小说频道，聚精会神地读着已追踪了半年的连载故事。老婆刚带着父亲逛完假日市场归来，她迫不及待地打开iPad（苹果平板电脑），浏览自己在蘑菇街创建的账户——这是她的副业，通过发表流行服饰照片来达到社群营销的目的，而这所带来的收入远比她的本业还多。坐在沙发上的年迈父亲完全不懂互联网，却握着一台拉卡拉的小型家庭终端机，简简单单地支付了彩票费。

他们各自忙到下午，刘邦才决定带着家人一同去购物中心逛逛。碍于周末交通堵塞，他们选择乘坐大众运输工具，便捷地用手机钱包扫过地铁站入口的传感器。到了购物中心，里面人山人海，但中央有个广场是空出来的，还搭了个舞台，成群的年轻人在那儿围观着。刘邦原以为那是歌唱比赛之类的活动，然而走出来的人们手中拿的却不是麦克风，而是T恤衫，上面喷着各种颜色。他搞不懂他们究竟在干什么。此时，儿子开口说这是个创意活动，舞台上的人们是设计师，现场展现自己的技艺，而台下的群众待会儿要集体投票，选出最棒的作品。人们还有机会获得各个设计师设计的T恤衫。

一家人在购物中心逛了一个下午，买了很多日常生活用品，傍晚，他儿子来到商场角落一台维络城的机器面前，用手机的吊饰扫了一下，便收到即时打印出来的餐饮优惠券。一家祖孙三代共享了晚餐。

回到家已接近就寝时分。他先上网查看自己最近投资的股票走势，接着登录小额贷款平台的网站，花了半小时时间浏览借贷人的背景资料。他看中了几个信誉良好的对象，现在双方只要在利率上达成共识，这笔项目便成交了。想一想，他已经好久没有让银行的理财专员主导自己的投资项目了。而除了这些以外，他还投资了自己的爱好——红酒。

他登录上海红酒交易中心网站，查看新到货的商品。他再度下单，买了两瓶2000年法国产的红颜容，暂存在交易中心那儿。

从桌角拎起酒杯时，刘邦的眼角瞥见了日历，才忽然想起了某件重要的事——他差点忘了与老婆的结婚周年庆快到了！他仓促地登上携程旅游网，各种分类度假旅游项目映入眼帘，他扫视一番后决定带全家人去欧洲玩。那么就去巴黎吧！他随即拨电话给旅游网的客服中心，敲定一切。打点好之后，他用维萨卡（Visa）付了钱，才把电脑关上。

睡前，他和老婆两人在床上闲聊，再次打开iPad，想看看微博上有什么有趣的事，却吃惊地发现他们的老同学发布了自己将再婚的消息。他们分别用自己的账号祝贺她。看着看着，两人睡意渐浓，才伸手熄了灯。

上述情景在你眼中是熟悉还是陌生？它已逐渐成为人们日常生活的写照，无论你在世界的哪个角落。

故事中提到超过30个与人们的生活、工作息息相关的企业，里面所述的每一项服务产品，均运用了“平台商业模式”的概念。这是一种革命性的趋势，正在不断改变现代人的生活，也在全球商业竞争中扮演着重要的角色。而且出现在上述故事中的企业，多数已经赢利。

平台模式深入群众的生活，出现在各种产业中，包括社交网络、电子商务、包裹快递、信用卡、第三方支付、搜索引擎、在线游戏、地产开发、商品现货和期货交易所以及航空陆路交通枢纽等诸多领域。目前在全球最大的100家企业里，已有60家企业的主要收入源自平台商业模式，其中包括苹果、思科、花旗、谷歌、微软、日本电报电话、时代华纳、UPS快递及沃达丰等著名公司。在中国，诸如淘宝、百度、腾讯、人人网、上海证券交易所以及盛大网游等公司，同样是通过平台商业模式获利并持续扩大版图的。

概括地说，平台商业模式指连接两个（或更多）特定群体，为他们提供互动机制，满足所有群体的需求，并巧妙地从中赢利的商业模式。比如，在之前的故事里，亚马逊Kindle阅读器连接了书商和读者，红酒交易中心则连接了各种酒的拍卖方与买方。同时，微软的“视窗”为上千万个程序开发商提供大展才能的平台，不停地壮大自己的用户群；而电子商务之首——淘宝网则连接了商品卖家与买家，让他们满足彼此的需求。

然而一个成功的平台企业并非仅提供简单的渠道或中介服务。平台商业模式的精髓，在于打造一个完善的、成长潜能强大的“生态圈”。它拥有独树一帜的精密规范和机制系统，能有效激励多方群体之间互动，达成平台企业的愿景。纵观全球许多重新定义产业架构的企业，我们往往就会发现它们成功的关键——建立起良好的“平台生态圈”，连接两个以上群体，弯曲、打碎了既有的产业链。苹果公司就是个经典案例，它以全新的方式对产业进行重组，凝聚音乐、出版、电信等各个环结，甚至创造出新的跨界产业。

平台生态圈里的一方群体，一旦因为需求增加而壮大，另一方群体的需求也会随之增长。如此一来，一个良性循环机制便建立了，通过此平台交流的各方也会促进对方无限增长。而通过平台模式达到战略目的，包括规模的壮大和生态圈的完善，乃至对抗竞争者，甚至是拆解产业现状、重塑市场格局，正是本书要探讨的主题。

平台模式的战略价值

我们必须强调，平台模式的概念并非在近代才出现。历史上，它也曾不断被运用，是人类社会中最有效的商业策略。古代欧洲的“市集”或者中国的“农贸市场”就是最好的例子。在许多大城里的街道交接处，商家可以摆设自己的摊位。这些商家赚取来往过客的钱，但必须与该城市主管单位分摊利润。“市集”的规模越大，就会有越多的人前来。不断膨胀的人数会吸引更多商家进驻，这不但促进了商品的多样化，也在竞争中提升了商家的质量。如此一来，人们更想去市集溜达，这使商家们更积极地参与其中。“商家”与

“人群”这两个群体密切连接，良性循环加速，释放出惊人的动能。而城市本身，也从商家身上抽足了“税收”，维持了自身的蓬勃发展。伦敦、巴黎等历史大城便是以此建立起来的，像个有机体一样不断扩张。城市本身就是独树一帜的平台生态圈。

购物商城也是运用平台模式的好例子。几乎所有国家的各大城市都拥有自己知名的购物商城，那里集合了各式各样的品牌商店和想要一次满足购物欲望的人们。这些店家与商城经营者分摊利润，要么以租金的形式分摊，要么按利润比例分摊。

就上述的例子来说，市集这个“平台”提供了完善的“交易规则”（税收比例、营业时间）与“互动环境”（街道、广场、垃圾处理系统），并将其开放给几个不同的群体（商店、百姓、摊贩、街头艺人），令其相互吸引，且在一方壮大的同时，牵引着其他方一起成长。

因此我们可以说，无论在哪个年代，或是在世界的哪个角落，以平台模式为战略方针的例子在历史上层出不穷。然而，如果此概念已经在历史上存在了千百年，为何仍值得我们研究？平台战略在21世纪，与以往又有哪些不同？

首先，虽然许多靠平台战略成功的公司让人们耳熟能详——百度、Facebook、QQ（腾讯即时聊天工具）、淘宝商城——但失败的例子更是不胜枚举。原因在于，单单搭建一个能运转的平台生态圈，并不能保证其持续地成功。

鉴别出什么样的平台能够捕捉商机、判别哪些群体可以通过平台连接起来，这些只是初步的工作。就算是类似的平台、连接起相似的使用群体，但只要战略方针不同，其结果也将迥然不同。比如，在上千家同质竞争的视频平台中，为何优酷能够胜出？还有，是什么原因让婚恋交友平台——世纪佳缘突破重围，大幅占领市场？为什么Adobe（奥多比公司）向消费大众提供免费的阅读软件，却向使用该软件写作的供应商群体收费？为什么有些在线游戏能够靠收取月费产生利润，有些则必须免费提供给玩家，以贩卖增值服务来赚取利润？

在制定平台商业模式的同时，有许多问题都将决定该平台的赢利表现。比如，在定位平台的收入来源时，应该向哪一方收费？应该补助哪一方？收费的模式是什么？定价的依据是什么？需要哪些核心机制来提高使用者的增长数量？需要哪些附加机制来延续用户对平台的依赖？这些决策都将影响平台的成功或失败。本书将为你提供全方位的决策框架，让你在制定或调整商业模式时有具体的依据与准则。

我们想强调的第二点则是，在互联网的驱动下，21 世纪将是历史上通过平台战略全面普及人类商业行为的分水岭。

互联网为平台概念的产生提供了前所未有的契机，并使其以令人难以置信的速度和规模席卷全球。比如，对于音乐、小说、电影等感观式的体验性产品来说，互联网的兴起使复制成本几乎下降为零。同样，对于众多产业而言，互联网也大大降低了经销成本，使平台企业所搭建的“生态圈”以前所未有的速度扩张。学会正确运用平台战略的企业将会颠覆原有产业的价值链。盛大集团旗下的起点中文网便是很好的例子，它连接了作家与读者这两个原本处于产业链两端的族群，取代了出版商、经销商、零售商的角色，打碎并重组了整个产业结构。

当然我们也必须强调，正因为平台商业模式的创造性破坏本质，许多平台企业在短时间内才被更强大的平台企业推翻。我们甚至可以预料到，在本书所提及的所有企业当中，在未来 10 年仍能屹立不倒的，或许还不到两成。但这并不一定是坏事，因为在企业除旧换新的同时，平台的概念仍将持续催生出数千万种更特殊的商业模式。在你阅读这本书的时候，已经有更多的平台企业诞生了。

这些都是平台模式吸引人的地方。在环境变化如此迅速的今天，我们要设法汲取出某些恒定的规律。这正是我们撰写此书的目的。书中所提供的理论框架和策略方针，固然都引用了当今表现良好的企业案例，但我们仍尝试摆脱时空的束缚，希望呈现给读者通用的法则。

本书的战略架构

我们研究了众多凭借平台战略而一举成功的海内外企业，归纳出了一套能有效指导实践的决策框架。通过本书你会慢慢了解到，就算是在商业环境千变万化的现在，依然有某些法则可以遵循。无论在哪个年代、哪个地点、哪种文化中，无论是电子商务还是传统产业，这些法则都为企业奠定了成功的基础，协助它们更精确地判断在运用平台战略时所面临的种种挑战。

我们将本书分为六章，刚接触平台概念的读者朋友，可以循序渐进地逐章细读。对此主题相当熟悉的读者，则可以选择自己感兴趣的章节来阅读。

第一章探讨的是哪些因素促成了平台商业模式的兴起，以及所有平台企业都必须了解的核心概念——网络效应。

第二章分析了建构一个平台的基本要素，包括支撑整个平台生态圈运转的“补贴策略”。如何定义多边市场？何谓“付费方”？何谓“被补贴方”？用户过滤机制扮演了什么角色？用户归属感又该如何建立？同时，我们还将探讨最重要的课题——平台企业实现赢利的关键是什么？

第三章将进一步讨论平台企业如何能以成倍的速度发展。我们将为您阐释“正向循环”（positive feedback）、“临界数量”（critical mass）等概念对于平台战略的重要性。当平台生态圈的规模急速扩张时，平台企业该如何留住既有的用户群？除了规模，是否还有其他至关重要的因素？第四章将进一步研究对平台战略有重大影响的其他层面，包括地理、时间，以及实体设施的布建。

接下来我们将进入冲突的领域。第五章是关于同质的平台企业之间的战争。什么情况下一个平台企业能够击败自己的对手？是取决于平台企业的核心定位，还是必须拥有强大的延展性？同时，我们还将探讨达成“赢家通吃”需要什么样的条件。在第六章，我们将见识到平台模式为人类商业行为所带来的不同层级的冲突，也就是所谓的“覆盖战略”。看似毫不相关的产业可能在一夜之间便成为对手，这已是越来越明显的趋势。一个平台企业该如何面对这些挑战？或者，一个成功的平台企业该如何实现跨产业支配？答案是：利润池的战略攻防。这一议题将在本章得到深入的讨论。

平台战略具有颠覆以往商业模式的能力，甚至可能释放出革命性的威力，推翻产业架构，改变社会行为。它在人类商业行为中的存在，可以说与人类的历史本身一样久远。然而我们已看见数千年来不曾有过的现象：互联网扩大了平台战略的影响力与范围，且加深了它的复杂度，几乎横扫每一个市场，每一种产业。有些产业已经被平台战略彻底改变。而那些仍未受到波及的产业领域，也早晚会受到平台战略的洗礼。

然而，在各方市场不断历经重大变革、人们的社会行为不断改变的今天，市场上关于平台商业模式研究的书籍却少之又少。本书以诸多中外企业为案例，汇整出在理论和实际操作层面都可依循的战略框架。无论你是企业主管、创业者，还是想为传统产业寻找创新之路的人，也无论你身处哪个产业或哪个职位，本书都将协助你掌握平台战略的精髓。

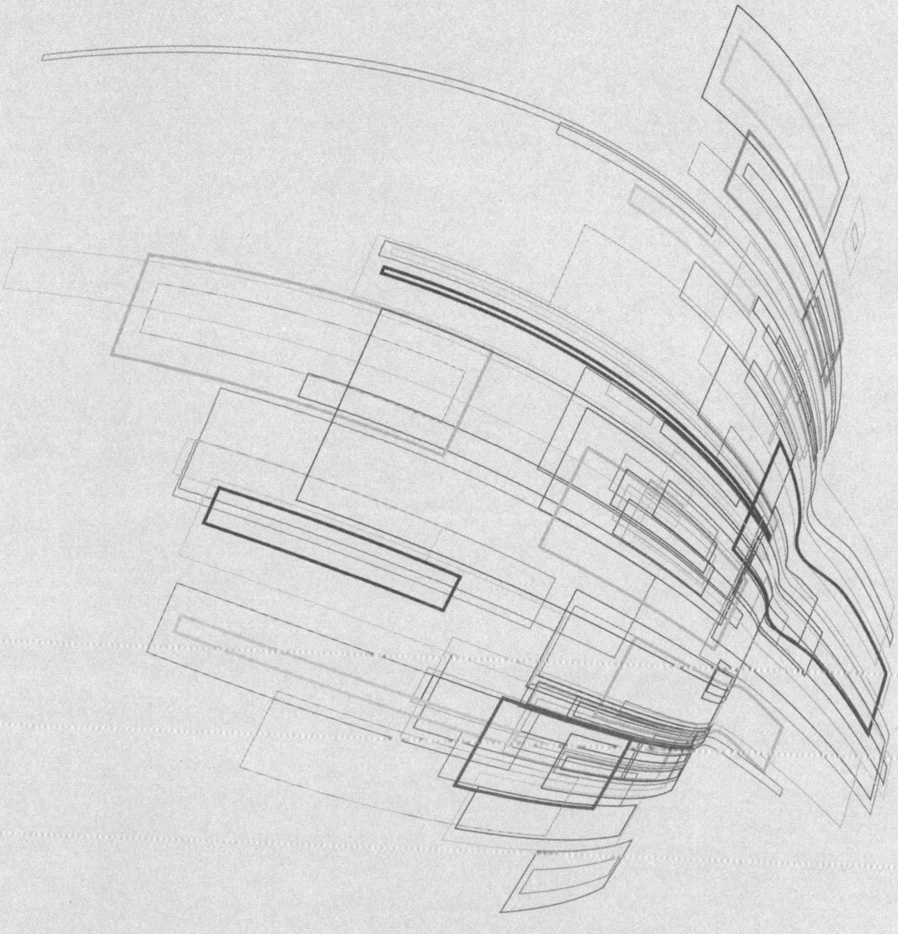

\第一章\

平台商业模式带来的变革与机会

产业价值链的重组——从单边到多边

平台产业与传统产业最大的不同在于，它塑造出了全新的产业模式。我们先来看一个例子：出版业——这个存在于人类社会数百年的产业——于近代遭到平台模式洗礼后发生的重大变革。

图 1–1 是传统出版业的产业加值链，这是单向的、直线式的。试想，一位作者酝酿出自己的作品之后，通过经纪人将作品递交给出版社。[①]然后，出版社在众多书稿中筛选出他们认为能获得市场青睐的作品，经过修改、编辑、封面设计等加工程序后，送印刷厂印制成书。之后再由经销商将成书运往各地的零售书店、便利店等场所，最终才得以被读者购买。在这种单方向、直线式的配置过程中，产业链中的前一个环节都在为讨好下一个环节而努力，各个环节的成本与利润层层加码，最后体现在书本的零售价格之上。

---

① 在西方，大多数出版社只接受拥有经纪人代理的作者投递的作品，所以文学经纪人是产业链中的重要环节。然而在东方，出版社取代了经纪人的职责已是产业常态。只有具有知名度的作者才可能拥有独立的经纪人。

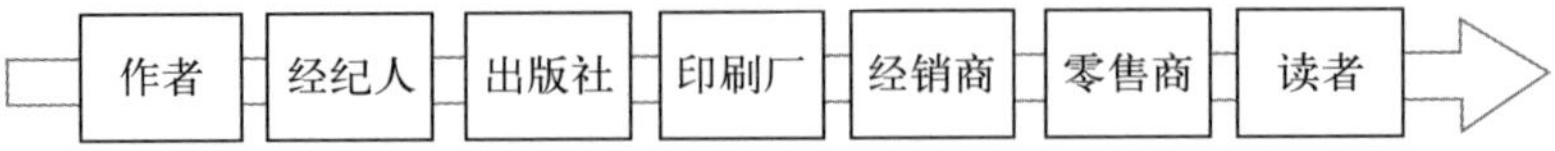

图 1–1　传统出版业的线性产业加值链

现在让我们来看看线上阅读平台的出现是如何打破出版业超过百年历史的游戏规则的。以专攻小说市场的起点中文网为例，它在互联网上提供一个虚拟平台，让热衷于写作的人们直接刊登各式各样的故事，而读者能够立即选择自己感兴趣的故事来阅读。如图 1–2 所示，线上出版平台“弯曲”了传统价值链。这么一来，它所塑造出的产业变革意义深远——原本处于传统产业链两端的作者群与读者群，直接与对方接触。

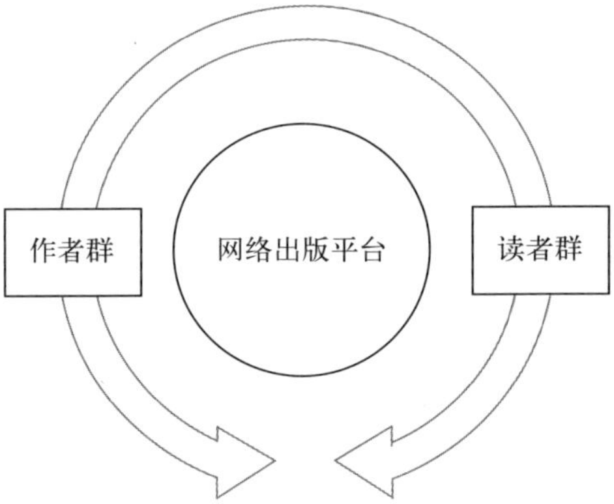

图 1–2　线上阅读平台“弯曲”出版业的价值链条

源源不绝的创意源头与广大的读者市场直接互动，多样化的供给正巧与多元化的需求匹配了起来。在这种情况下，传统出版社所扮演的把关角色被削弱，数以万计的作者流进小说市场发表风格各异的文章，数十倍的读者也蜂拥而至，根据自己的喜好选择想读的作品。除此之外，作者在创作过程中也可直接与读者交流；读者可以影响创作内容的走向，也可以与彼此分享阅读的体验与感想。平台连接了生产者和消费者，“弯曲”了原本垂直的价值链条。

在中国，起点中文网代表的线上阅读平台为读者呈现的内容比传统出版社提供的内容更新颖，价格也更便宜。通常，一本20万字左右的实体书，市面上的售价约30元人民币左右。换算起来，每1千字的阅读价格约在0.15元左右。反观起点中文网的读者，每阅读1千字原创小说所缴付的费用在0.02~0.03元人民币之间。这仅是传统实体书五分之一的价格！更惊人的是，作品一经在网上出版，读者便能在下一秒阅读到，不像传统的产业链需要等上很长一段时间。

对于作者们来说，线上出版平台则为他们提供了前所未有的机会。在传统出版业，哪些作品能够出版、哪些应被淘汰，全由出版社的编辑们决定。专业编辑凭借长年的产业经验与直觉来判断作品的销售价值。在数百份投递给出版社的书稿中，最终往往只有一小部分能以实体书的形式上市，接触到读者大众。反观起点中文网这样的平台，只要会打字并拥有一台能上网的电脑，任何人都可以轻而易举地把自己的作品上传到平台上，直接面向读者市场。

这类线上出版平台为作者与读者提供了彼此互动的基础框架。然而，与传统出版社不同的是，线上平台虽身兼出版业务，却不需要在每一部作品上都投资编辑经费与营销经费；作者们会进行自我推广，并发表不同风格的作品来满足读者群体的多元需求。因此，如果书销不出去，作者将承担最大的损失，而非平台企业本身。在传统产业里，如小家电公司，产品的研发制作往往需要大笔投资以满足各地消费者不同的需求（比如，乡镇居民用洗衣机来洗土豆，这促使某些国内洗衣机制造公司进行了功能调整，以迎合这种实际需求），如果销售不畅，还会带来巨大的库存风险。可以说，许多平台企业的本质都是轻资产公司，无须自我研发与囤积产品。它们不需要拓展自己的生产力，仅需将多边不同群体的供给和需求拉拢起来并对其进行投资，建立一个相当于互动媒介的体系，以达成赢利的目标。当然，有些平台企业因为竞争走向了重资产的路线；事实上，与重资产结合，可能成为平台企业应对外在威胁的战略壁垒，也可能成为传统企业向平台企业转型的契机。对此，我们将在后续章节进行深入探讨。

关系网的增值性

平台商业模式的特点，就是利用群众关系来建立无限增值的可能性。学术界称此现象为“网络外部性”或“网络效应”[①]。

在这里，我们先针对一些基础理论概念作一番简单的陈述。传统的经济现象将消费时所获得的价值视为个人层面的东西，与他人无关；然而在现实中却存在这样一些产品与服务，当使用者越来越多时，每一位用户所得到的消费价值都会呈跳跃式增加。以电话这个日常生活中不可或缺的联络工具为例，试想，如果全世界只有你一个人的家里装电话，它将没有任何价值，对吧？因为你无法拨打给其他人，找不到人讲话。然而当第二个人也装了电话时，情况改变了。你可以真正使用它进行异地交谈，价值由此产生。当第三

① “网络效应”的概念其实早在20世纪初期就已有人提出，在近代也有许多经济学等相关学术文献探讨过此领域，知名的作者群包括迈克尔·卡茨与卡尔·夏皮罗、约瑟夫·法雷尔与加斯·塞隆纳、杰弗里·帕克与马歇尔·阿尔斯丁、让·夏尔·罗歇与让·梯若尔，以及哈尔·瓦里安等人。学术界通用的名称为“网络外部性”（Network Externality）或“网络效应”（Network Effects）。本书为了解说方便，均以“网络效应”称之。

位、第四位亲友陆续加入时，可想而知，电话的使用价值将越来越高。我们把这一现象放大来看，当世界上越来越多的人使用它时，它对所有用户的价值就越来越大。等到某一天这爆炸式的成长使电话成为人类社会不可或缺的一部分时，它将变成一种必需品，你想不买都不行。传真机、电子邮件信箱、微软的操作系统或PDF都是相同的道理，而互联网时代兴起的QQ即时通信工具、网上社区、博客、微博，也在不同阶段成为人们生活中的重要组成部分，这便是“网络效应”——通过使用者之间关系网络的建立，达到价值激增的目的。

网络效应在平台商业模式中可以发挥极大的效用，而平台商业模式也需要利用网络效应持续增强竞争力。若要窥视网络效应对人们的影响，腾讯即时通信工具QQ便是最好的例子。腾讯在2000年发布QQ即时通信工具时，正值中国互联网产业的萌芽期。它增进了人们之间沟通的便捷性，促进了网民间的交流。QQ可以让用户发信息给群中好友，共享与生活息息相关的信息。仅仅两年内，QQ的注册账户就突破一亿，[1]同时在线人数最高已超过百万。[2]之后一年，QQ的用户数量翻了一倍，突破两亿。倍数增长的冲劲丝毫没有停止，到了2009年9月，注册账户相比于三年前再次翻倍，达到10.57亿。而在2010年3月5日，QQ缔造了历史性的纪录，同时在线人数最高达到单一应用软件的全球最高纪录——1亿人次。[3]

QQ能够快速增长的关键原因，就在于它捕捉到了网络效应，通过人与人之间的关系网络不断增值，最终变成中国人社会生活的必需品。中国网民规模的高速成长吸引了微软的MSN（即时通信软件）在2005年进驻中国，但当时QQ已经拥有接近5亿的注册账户总数。原先帮助腾讯拓展疆土的网络效应此时成了最好的防守壁垒，稳稳掌控先占优势，挡住了MSN的“入侵”。很少有中国网民愿意放弃使用已久的即时通信平台，转而使用MSN去，因为其所有好友都在QQ的平台里。所以即使MSN在中国奋斗了5年，与QQ近80%的市场份额相比，它却连5%的比例都争取得极为辛苦。[4]

QQ是个典型的网络效应案例。而多数的平台企业不仅能够拓展单一群体间的关系网规模，还能够连接双边（或数边）使用群体，让不同的群体也能通过平台相连而达到为彼此增值的目的。为了能让读者清楚了解平台战略的精髓，本书将着重聚焦于多边市场。

证券交易所就是一个具备此特质的多边平台。它使资产买卖双方在此聚集，让交易所因用户数目的增长而体现出强大的价值，并通过证券经纪人来协助交易互动，以响亮的名声吸引优质企业挂牌。当越来越多的投资资金投入某个证券交易所（上海、香港或新加坡）时，规模成长提升了市场的流通性，增加了股权易手的变现性，最终再度吸引更多投资者的参与。而在另一方面，越来越多需要资金的优秀的新上市公司也慕名而来，进而再度刺激投资方的规模成长。简而言之，证券交易所不但能从股票买卖方的规模中捕捉到网络效应，更能从他们与上市企业（投资标的）之间形成的庞大关系网络中，建立起强大的跨边网络效应。可见一个平台生态圈若拥有许多不同的建构团体，则可被称为“多边市场的连接体”。存在于这些群体（边）之间的多重网络效应，就好像好几道重复交叠的旋涡般不断为彼此注入强大的增值力量。

值得一提的是，这种增值力量是自然产生的。每个人在使用这些平台的产品或服务时，或许并非怀着为他人创造价值的心态，但实际结果却是整体价值的提升。当你的好朋友也购买一部iPhone4（苹果第四代手机），你的iPhone4的价值便提升了，因为你们可以联网与对方视频联系，或是分享图片、音乐。当一个陌生人加入新浪微博（http://t.sina.com.cn）时，你可能就多了一个粉丝，随时阅读你发送的信息。因此，平台商业模式容易产生赢家通吃、弱者只分得残羹剩饭的现象。

我们将在第二章详尽介绍不同种类的网络效应。

发掘新的商业机会

人们对传统产业总有一种迷思，认为它与平台模式毫不相关。然而实际上，在20世纪通过各种加工和劳力致富的传统企业，至今已被迫转型。而平台商业模式恰恰为此提供了契机。

第一，若要摆脱传统思维模式，第一步便是摒弃产业链是单向垂直流向的看法。哈佛商学院战略教父迈克尔·波特所提出的产业分析架构，常被企业高管与商学院教授当成实施战略决策时的根本依据。他在“产业五力分析”中假设每个厂商都会面对“上游供给商”与“下游买家”；上游供给商制造并提供产品，下游买家则付费购买那些产品。然而随着平台商业模式的普及后，这样的思维已不再适用于所有产业。以百度为例，有信息搜索需求的网民看似是下游消费者，却无须付费就能享受到百度所提供的便捷服务。而广告商供应了商品信息，却须承担付费者的角色。这是否有些矛盾？显而易见的是，在平台产业里，以传统的眼光所定义的直线性产业结构不再适用了。平台视角认为，网民与广告商都是百度的“使用者”，双方对搜索平台的发展有等量的贡献，因此平台企业（如百度）必须同时吸引这两方截然不同的用户（信息需求者与提供者）以维持事业的发展。早期，当搜索引擎刚被开发时，百度、谷歌等公司将各自的搜索技术卖给像新浪、雅虎等一些大的门户网站，这种传统的上游给下游提供技术的方式让他们在企业规模相对较小、谈判地位尚不稳固时只赚取微薄的权利金。然而，当关键词搜索的赢利模型被创造出来后，百度、谷歌便从传统的技术供应商摇身一变，转为平台服务提供商。突然互联网上的所有人，无论是企业或个人，都成了他们的使用者与顾客。这种将传统垂直价值链的视野转向平台视野的发展，使得两家公司开启了属于自己的生态圈，并实现了高度赢利。

第二，已有越来越多的企业改变了赢利的着眼点——由传统的制造加工转变为从产业需求与供给之间的连接点寻找赢利契机。不同以往的是，硬件设备与有形的产品已不再是获利的关键。越来越多的企业变换其商业模式，从硬件销售转而将自己打造成扮演某种媒介角色的平台。最明显的例子是苹果公司。它的赢利点已从早期硬件产品的贩卖转向以搭建平台生态圈（如iTunes、App Store①）来赚取佣金。这种现象带来了更深远的影响，以苹果智能手机iPhone为例，它对手机产业、电信产业、众多内容供应产业皆造成了冲击。无数的软件开发商纷纷投入iPhone的软件平台，为其撰写程序。截至2010年10月，苹果的网上商城App Store已为用户提供超过30万种软件。到2012年6月，这一数字已激增为65万。

台湾最知名的实体零售书店“诚品书店”（Eslite Books）也曾进行转型。

---

① iTunes是一款数字媒体播放程序，而App Store是提供应用软件下载服务的电子市场。——编者注

当实体书市场在台湾陷入低潮时，许多线下书店纷纷倒闭，诚品却运用商业房地产平台的概念大举获胜。它利用绝佳的地理位置和零售书城的口碑吸引顾客，然后引入美食街、艺术设计商店、精品特色小店等，可以说，诚品吸引了很多优质商店，这些优质商店又吸引了更多顾客。目前书籍的销售只占诚品利润总额的30%左右，其余的则来自其经营的多元化商城。

第三，挖掘消费市场中潜在的网络效应是转型和赢利的关键。平台企业不仅是提供渠道的媒介、提供机会的中间商，它的核心利益是建立起一个完善的“生态系统”，让有利益相关性的诸多群体彼此交流互动，实现价值的飞跃，达到“1+1=10，2+2=100”的效果。淘宝网这一网上购物平台连接了零售方与买方，并通过种种方式让双方频繁互动。再加上第三方软件应用商的参与，平台机制更为完善。自2003年进入市场起，仅仅两年的时间，淘宝的年总交易额便达到80.2亿元，增长率超过700%。[5] 2006年其交易额达到150亿元，以65%的市场份额占据产业首位。[6] 之后随着中国网上购物市场的不断成长，整个产业的交易规模于2010年突破千亿元大关，淘宝在这波强大的浪潮中依然位居首位。不同的是，它的市场份额至今已攀升至84.6%！

由此可见，若能有效引爆网络效应，平台企业很可能会通吃整个产业。世界在改变，我们需要更适合当今商业概念的战略分析工具来面对“平台模式”这个具有颠覆性的商业课题。本书将提供许多创新的分析工具与策略方针。

第二章

平台生态圈的机制设计

定位多边市场

分析或设计平台商业模式的首要步骤是定义双边（或多边）使用群体。许多典型的平台企业连接了两个不同的群体，例如淘宝网的“买家”与“卖家”，前程无忧网的“招聘方”与“求职者”，起点中文网的“作家”与“读者”等。也有平台涉足三方不同群体，例如，百度为网民提供信息搜寻服务，让他们能够方便有效地接触到无数的“内容网站”，整合互联网上的信息，借以吸引广告商的投入（请见附录 2–1“三边模式”）。除此之外，还有更为复杂的平台，其搭建的生态圈包含了四五个群体甚至更多，比如，谷歌不但拥有搜索引擎，且汇聚了软件开发商、手机制造商、手机用户及对互联网的文件处理工具有需求者等群体。就连各城市经济开发区的发展也大多运用了平台模式的理念，如上海临港新城、天津滨海高新技术产业开发区等，都需要企业、技术劳工、医院、学校、商店等各种配套服务群体的进驻。

由平台模式搭建而起的生态圈，不再是单向流动的价值链，也不再是仅由一方供应成本、另一方获取收入的简单运营模式。对于平台商业模式来说，每一方都可能同时代表着收入与成本，都可能在等待另一方先来报到，因此平台企业需要同时制定能够纳入多边群体的策略，讨好每一方使用者，这样才能真正有效地壮大其市场规模。

在分析研究了中外近 50 个平台企业后，我们发现，无论是多么复杂的生态圈，无论该企业拥有多少边群体，最基本的构成元素如出一辙，都是以基本的双边模式搭建而成的。换言之，就算一个平台企业同时连接四五个不同边的群体，其分析的基础也是一样的。“双边”就像是积木最基本的建构单位，再复杂的平台架构，都可以利用本书的图示原则，解构分析各种平台商业模式，以视觉概念来呈现平台商业模式清晰易懂的模块。

我们用图示来解释。图中的圆形代表“平台”，象征交易服务的中心，一个能够包容多边市场的生态圈；梯形则代表某个特定的“边”，即使用者群体。使用者的使用情况呈现类似金字塔的梯形，因为多数情况下，高端使用者会有更强烈的支付意愿。最后再以实线连接它们，表示双边群体通过平台联系在一起。这便是一个以双边模式为核心的平台基础概念图。

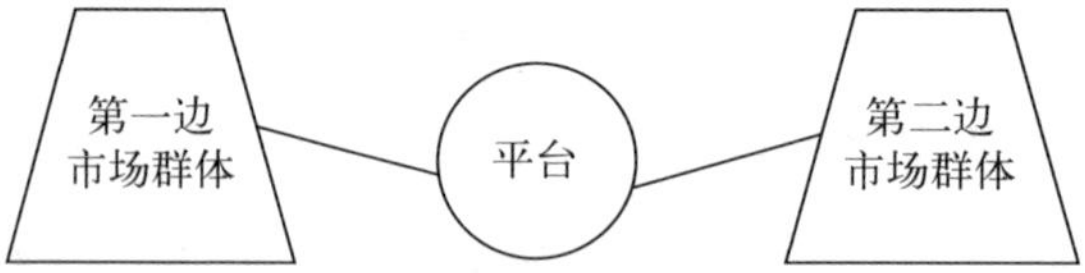

图 2–1　双边模式基本架构

建立平台企业的第一步，便是确定这些不同的用户群体是谁，以及他们的原始需要是什么。举例来说，美国是个商业机制成熟的地方，人们只要上街就能轻易购买到任何新颖的产品。但当有些人想要收购或抛售古董级的二手产品时，却找不到有效的渠道。eBay（电子港湾）发现了这个潜在的商机，建立起电子商务交易平台，通过市场机制让买卖双方直接在网上进行交易。eBay还开发了种种功能机制，包括产品信息框架、信誉评比等，进一步确保买方与卖方之间能够顺利交易。可以说，eBay当初以此创新模式改变了人们的消费行为，便是从连接了以往缺乏完善渠道的两方群体开始的，经过不断演变，成为当今全球最大的C2C（消费者对消费的电子商务模式）电子商务平台。

换言之，平台企业找到了连接供给和需求间的契机，引发了积压已久的网络效应。

附录 2–1　三边模式

多边模式的核心，是以双边模式为基础建构单位，连接起两方不同的群体。但也有另一种特殊基础模型，即以三个边为平台生态圈的核心单位。

这与双边模式在壮大的过程中再增加一边群体（比如，淘宝原本只连接买方与卖方两个群体，后来又吸收软件开发商为第三方）的情况并不相同。这三个群体以循环的方式吸引彼此（见图 2–2），缺一不可；拿掉其中任何一边，这样的商业模式都无法成立。

最典型的例子是内容产业平台，比如媒体。报纸以时事为内容，吸引读者，再以读者吸引广告商；电视台以节目吸引观众，再以观众的收视率吸引广告商；其他包括广播电台、视频网站等媒体，都是依“内容—使用者—广告”的三边模式打造而成的平台生态圈。如图所示，这三个群体之间的跨边网络效应是单向的——以内容吸引大众，以大众吸引广告商。当然在某些情况下，三边模式中的某两个群体间或许确实会相互吸引，比如，时装杂志的广告商是为了读者而来的，但这些崇尚流行的读者群，往往受到刊内广告画面的吸引程度不亚于杂志内容本身。即便如此，对于内容产业平台而言，其三边群体间的核心引力依然是单向的，否则，一旦该平台中的某两方群体产生跨边网络效应，第三边群体就可能被剔除，整个生态圈就会简化为双边模式。

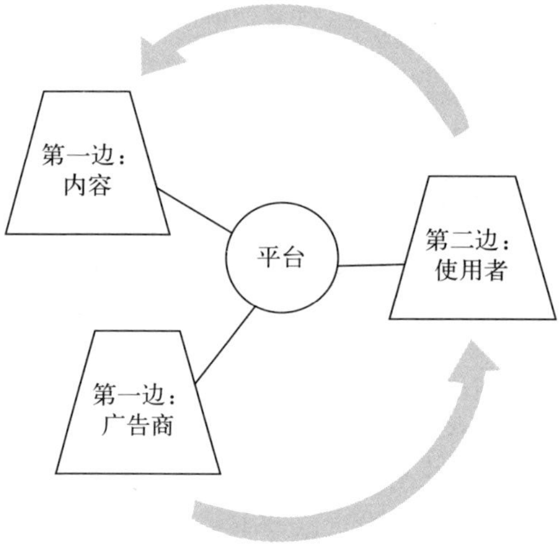

图 2–2　内容产业的三边模式基本架构

注：灰色箭头代表各边群体间的吸引力。广告商被使用者吸引而来，使用者则为了内容而来。

搜索引擎是另一个耳熟能详的三边模式。它以信息整合为价值主张，连接了“网站—网民—广告商”三方群体。当然从某种层面来看，网站也可以视为搜索引擎所整合的“内容物”，以免费的方式协助大众找到他们所需要的信息，因此受到大规模网民的依赖，进而吸引广告商进驻。

除了以内容信息为主的平台生态圈以外，还有许多相当特殊的三边模式。比如“分众传媒”，连接了“大众—写字楼—广告商”这三方；“拉卡拉”的另类支付平台，连接了“使用者—便利店—收账机构”。我们将在后续的章节详细介绍这些平台企业。

需要强调的是，当一个平台企业对某一群体采取策略性开放措施，这一群体就将成为生态圈中一个独立的“边”；反之，若该群体的个体完全由平台企业私有，则不能算作独立的“边”。这些原本运用双边模式的平台企业会根据发展导向或竞争策略，开启或关闭第三方群体，但这样的战略决策并不是严格意义上的三边模式。以三边模式为核心的平台企业，无人能够取代或简化三方群体中的任何一方。我们将在本书中向您讲述，双边模式与三边模式确实有些战略上的差异，但也有许多基本策略因素与法则是通用的。

激发网络效应

在人们接触平台生态圈的瞬间，他们便被多种精心策划的配套机制团团包围，这些机制吸引他们入驻到平台内，与其他用户互动，让他们久留而不想离去。以环环相扣的机制所建立的体系，更能达到有层次的、循序渐进的多重目标。如何设计适合自己的产业与服务群体的整套机制是门艰深的艺术，而我们必须再次强调，这其中的成败关键便是如何运用网络效应。

平台模式中的网络效应包括两大类：同边网络效应和跨边网络效应。同边网络效应指的是，当某一边市场群体的用户规模增长时，将会影响同一边群体内的其他使用者所得到的效用；而跨边网络效应指的是，一边用户的规模增长将影响另外一边群体使用该平台所得到的效用。

效用增加则称为“正向网络效应”，效用减少则称为“负向网络效应”。通常平台企业所设的机制，都是为了激发网络效应的“正向循环”。

这里让我们先举例阐释同边网络效应。开心网（www.kaixin001.com）是个互联网社交平台，其中的每位用户都拥有自己的会员页面，用以分享生活中的点点滴滴，包括日记与照片。人们将真实的交友关系挪移到这个虚拟平台上，建立起强大的互动生态圈，不但能与朋友们讨论某部电影的心得、对时事的感想，还能建立相册，将亲朋好友开心的笑容保存下来。开心网在2008年3月初创时，仅拥有约300名种子用户。经过短短15个月的时间，其用户数量便激增10万倍，达到3 000万名注册会员。它通过照片上传、日记发表、留言板互动等功能所产生的涟漪式分享，让更多的人参与其中，产生更多的反馈。用户看到越多朋友的人生点滴，同一边群体——“使用者会员”——的效用就会随着越多亲朋好友的加入而增加，这就是正向的同边网络效应。试想当你认识的朋友全都加入这个生态圈，在里面发布日常生活的信息与心情，你是否也想跟着加入呢？答案是肯定的。当今社交网站的鼻祖Facebook的快速成长——自2004年创立以来，已在全球拥有超过8亿的活跃用户——便得益于同边网络效应。

下面，我们将阐述跨边网络效应。2010年5月，开心网正式开放其平台，允许第三方应用程序的开发商入驻，为此平台的会员用户提供各种功能的实用软件。第三方应用程序开发商便成为开心网平台一个新的群体边。可想而知，他们的加入是为了接触到平台中的8 000万注册会员，并借此找到获利渠道。其提供的程序内容丰富，包括各类游戏、模拟驾照考试、财经动态信息等，加强了用户对开心网平台的体验与黏性，这就是我们所说的“正向跨边网络效应”——不同群体之间产生的吸引力。

开心网开放平台半年后，注册用户数再增25%，月赢利1 000万元人民币。由此可见，平台若能同时激发同边网络效应与跨边网络效应，将能大大增加用户的使用意愿与满足感，进而推动赢利。

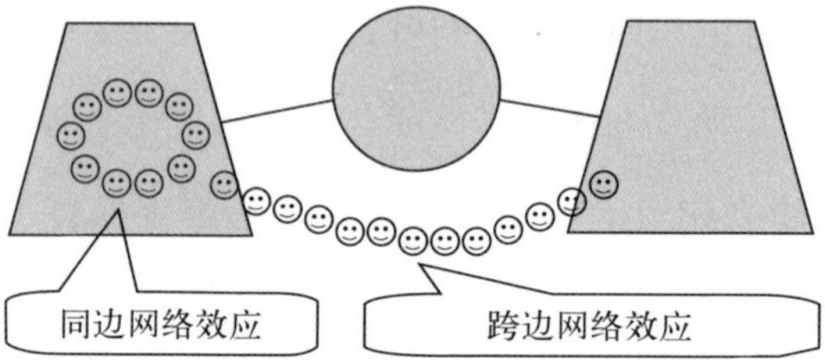

图 2–3　同边网络效应和跨边网络效应

然而，开心网最强大的网络效应捕捉机制，正是其符合中国的国情与用户心态的功能："转贴"与"观点发表"。这看似普通的功能，却是当初开心网成功引爆网络效应的关键。用户能够将自创的，或是在互联网上找到的文章转载到自己的页面上，并通过此机制，发布给所有朋友看。而阅读这篇文章的人，则可以对此发表新的感想、观点。字数有限的简洁观点，会以标签的形式出现在正文下方。相反，人们若不想发表新意见，也可"投票"给他人的"观点标签"，表达自己的想法。举例来说，有人发表了一篇关于某艺人演唱会的感想，看见此文章的一位用户发表了"好棒！很喜欢这场表演"的观点。之后，拥有类似观点的人们则不需要再重复写出感想，只需点击此标签即可。该页面会显示点击的人数。而另一位用户的观点——"她有句话唱错了！"也获得了许多人的点击认同。到最后，这篇文章或许会累积几十种不同的"观点标签"，并以支持的人数多寡为顺序进行排列。人们的想法与流行脉动，可谓一目了然。

此机制最重要的地方在于，它不单单使大众成为信息的传播者，还通过人气的聚集来引发人们对社交议题的关注。人们都想知道大家现在最关切的事情是什么，也想知道社会大众对特定议题的观点呈现什么样的认同趋势。

有些关注度较高的转贴文，甚至可以累积数十万用户的观点。通常，能获得最多人认同的“观点标签”往往是诙谐有趣、极富新意的想法。窥视大多数人发表的意见可使人把握公众舆论的动向。

西方文化极度重视个人隐私，中国人则强调群体的力量。这些细微的差异在社交网络的建构机制上被放大后，便造成了Facebook与开心网生态氛围的明显不同。Facebook的使用者多数只和现实生活中认识的朋友交流，而开心网中可以看见数千万个素昧平生的人们针对某项议题提出自己的看法并且彼此支持。这与中国网民的习性和民族特质有直接关系。了解这些特性，开心网成功地通过机制吸引大众的关注，迅速实现了网络效应。

建立足以激发同边网络效应与跨边网络效应的功能机制，将对平台企业的成败产生决定性影响。开心网仅是一例，在本书其他案例中，我们会针对不同平台企业的网络激发机制继续进行探讨。

筑起用户过滤机制

前文已提到，网络效应也有可能呈现负向。这意味着，某些成员的加入会降低其他使用者的效用与意愿。例如，曾有公司为了节省成本，将招聘平台当成变相的广告媒介，虽无意招人，却在挖掘到求职者的联系方式后就乱发产品广告，让许多求职者疑惑不解，也让招聘平台企业的声誉受损。纳入这类水平不良的用户，甚至可能导致欺诈等严重行为。平台企业必须抑制类似情况的出现，避免对平台的声誉、形象产生负面影响。

因此，一旦平台企业建立生态圈的初期即拥有完善的配套机制，便不用再惧怕用户群体规模大幅度增长时可能带来的一些问题。而通过机制体系来过滤用户有以下几个方法。

最基本的方式，就是用户身份的鉴定。有些平台企业强制要求用户必须以真实身份注册账号，例如阿里巴巴等互联网贸易平台、台湾的 104 人力银行，均设置了类似的实名机制，这有效地提升了此类平台服务的可靠度。新浪微博需要绑定手机号码才能正常使用各项功能，避免有人发表不负责任的言论。此外，也有平台企业制定出一套奖励机制，让提供真实个人资料的用户获得更多的回报。比如，在经过身份证、手机号码、个人照片等一道道程序的逐步确认后，用户能够获取等同于币值的积分回馈，并且在平台生态圈中享有良好的个人声誉。通常，在这种情况下，其他会员更愿意与之打交道。交友网站“世纪佳缘”（www.jiayuan.com）就是一例，它拥有完善的身份验证体系，让会员在择偶的过程中能够迅速判定对方是否已通过平台的身份过滤机制，了解彼此是否值得信赖。有趣的是，看似简单的身份核实机制，实际上却有多重目的：在提升用户自身声誉的同时，也诱导他们更深地陷入平台生态圈。在世纪佳缘网站上，新会员若提供真实身份信息，就能获得一张“邮票”（换取能与其他某一位会员交流的机会，等于让新用户免费尝试一次平台服务功能）。看似简单的机制背后，有相当聪明的策略动机。

一般人在试用期间，往往抱着些许怀疑的心态，不愿立即付费购买长期服务。因此，大部分使用者只会先完成这些身份核实的“任务”来换取“试用”的机会。然而在完成信息核实的步骤以后，用户其实已经踏进一个精心设定的系统内；他的“声誉”获得了提升，这将自动让他获取更多的关注，使其更容易在此体系内吸引到异性的目光，获得异性用户更多的主动联系的机会。好奇心被打开，新用户将有足够的动机留在该生态圈中与他人互动。他会试着去完成更多任务来获取免费积分，用以和更多异性进行互动；有些人索性开始购买积分点数了。在这样渐进式的引力作用下，用户很快就被拉入生态圈的循环作用中。因此，这套体系不仅通过身份核实机制来促进个体用户与平台的成长，也开启了男女群体双方的第一次交流互动。

从某个角度来看，类似的系统机制除了吸引用户一步步融入平台生态圈当中，更重要的是，让人们踏入平台的初期已被筛选。真心想在该平台里交友配对的人们，必然会完成这些身份验证条件的填写。如此一来，不遵守游戏规则的用户会被明显地区分开来，其妨碍生态圈健康成长的难度也随之增高。

除此之外，近几年开始兴盛的团购网站，有些会要求其用户在参与时必须先完成支付手续。这也是一种在使用初期便过滤出严肃用户的机制。

另一种方式就是让用户们成为彼此的监督者。比如，Facebook与LinkedIn这种将现实社交状况直接转往线上社群的平台，都足以借助用户间彼此的了解来监控所刊登的信息是否属实（因为你的朋友都可以看到你所发布的个人资料，你造假的可能性会大幅降低），造假的行为将受到真实人际网络的制约，使原本虚拟的线上社交世界仍能有效运行。因此，建立一套机制体系，使生态圈里的多方参与者能评论彼此的表现，可谓是最有效的用户过滤机制。

而让用户彼此评分的机制往往比其他过滤方式都有效，因为集合大众意见的结果最具有公信力。这种方式是传统门户网站依靠自己的员工（比如网络管理员）来逐一筛查劣质用户远远不及的。我们可以看到，当今电子商务平台建立的用户彼此评分机制——包括卓越网、京东商城、当当网、腾讯拍拍网、百度有啊、红孩子等——均是为了健全交易机制、区分优劣产品、协助精确配对。系统性地聚集众人的评价而凝聚出来的公信力，有助于平台成员间的彼此判定，提高精确配对的概率，进而提升整个生态圈的质量标准。另一个例子是找阿姨网（www.zhaoayi.com），它提供了5个层面的评分机制，让家庭雇主可以为合作过的阿姨打分，为未来有需要找阿姨的家庭提供借鉴。美国则有知识人才平台Maven（www.maven.co/），通过用户可以为平台上不同领域的咨询专家打分，让最可靠的知识人才脱颖而出。

更贴切地说，评分机制对交易双方而言都是一项重要的需求。当某用户的评分数量达到一定规模时，汇集而成的总评价是最具公信力的信息结晶，可以成为人们选择是否该与其进行交易的重要参考依据。而被评分者也可凭借自身力量，在平台上依靠公信力打造个体品牌。因此在这里，我们希望将此概念更推进一步，举出一个以评分机制为核心商业模式的例子——大众点评网。

案例：大众点评网

最初，大众点评网（www.dianping.com）提供了一个平台，只让消费者在光顾餐饮商家之后为其打分。该公司从餐饮产业切入的原因很简单："吃"是人的基本需求，更是刚性需求，任何年龄段的消费者都会关心。大众点评网曾对大都市的白领消费者作过一次调研，发现就算在金融危机时，超过八成的白领依然认为自己的餐饮选择不受经济状况的影响。[7]再者，餐饮业不但经营模式多样化，而且顾客流动性高，拥有巨大的信息累积价值。而在地理上，餐饮业存在过度分散的现象，呈高度碎片化，天生不具备少数企业垄断的可能性，因此确实有第三方信息整合的需求。同一时间，中国的消费者意识逐渐抬头，人们在餐馆消费过后几乎都有评论的习惯，尤其是受到劣质的服务待遇时，他们更希望有渠道来发泄。大众点评网抓住这些机会，连接"消费者"和"餐饮商家"这两边群体，发展出独具一格的平台生态圈。

拥有点评需求的人远比想象中的要多。无论是双边模式中的餐馆规模还是消费者的数量，都在平台生态圈中成倍增长。这里有个关键点，就是评分对象被纳入平台的方式。

在某家餐馆被评论前，它的基本数据页必须先被建立起来。而在大众点评网里，不仅餐馆本身能够输入自己的数据，连平台企业自己（运营大众点评网的上海汉涛公司），甚至是消费者用户，都有输入餐馆相关数据的权利。也就是说，这种开放的机制，在无形中已让所有的餐馆商家成为平台的潜在市场。试想，如果你是餐馆业主，无论你愿不愿意，下一秒钟你餐厅的基本数据可能就会出现在该平台里，任人评分比较。你不主动到这个平台上键入数据，顾客也可能主动把你拉进来。因此，与其冒着让别人输入错误信息的风险，许多商家会选择自己去撰写完善的、有助于塑造其形象的数据，并上传菜色图片。在这种机制规则的操作下，生态圈的规模日益增大。

在大众点评网，消费者有一个自由发表意见的空间，且能免费获得饮食方面的推荐信息。而对餐饮商家来说，他们既能得到一种另类的宣传渠道，还能主动获得消费者感受的反馈，对于被此平台生态圈所连接起来的两边群体而言，可谓双赢。如今，大众点评网已超越了原有的餐饮范畴，进入娱乐、购物、婚庆、旅游等多项领域，可以说衣、食、住、行、育、乐全包下了，全面开启对人们生活领域进行评比的文化。通过平台商业模式，大众点评网的发展速度惊人，目前已覆盖中国2 000多个城市，纳入了100多万个商家。[8]据统计，截至

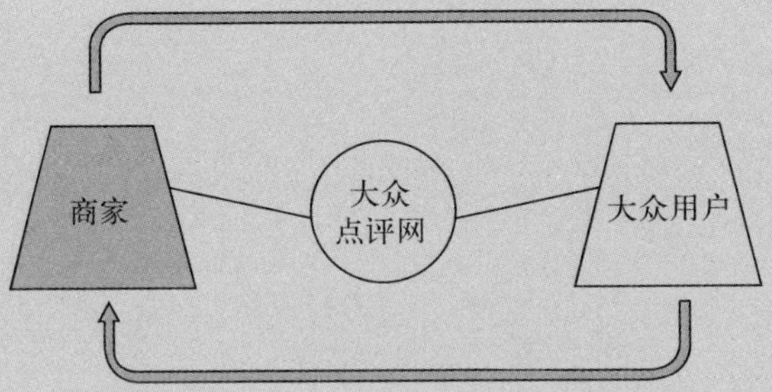

图 2–4　大众点评网的双边平台架构

注：跨边网络效应使得“大众用户”群体与“商家”群体相互吸引。

2010 年年底，平台中累计的点评数量近 1 700 万，单是 2010 年就新增了 500 万篇点评，几乎每一分钟就有 10 篇点评产生！[9]

最后，除了基本规则的建立以及用户相互监督的机制外，还有一种过滤用户的方式，就是依照平台企业自己的主观判断来决定保留哪些用户、淘汰哪些用户。然而这将造成某种“灰色地带”：若某群体的过滤需要通过平台企业的主观判断，则平台的中立性不复存在，该群体也不能再被称为一个“边”，因为此举和开放性的市场战略背道而驰。因此，平台企业是否该针对某边群体进行主观的过滤审核，主观判定的程度该如何，仍是个独特的战略议题。本章稍后将对此进行详细阐述。

设定“付费方”与“被补贴方”

双边模式，代表平台生态圈所连接的两组使用群体被视为两个不同的市场。这两个市场都可能带来收益或产生支出。事实上，双边模式赋予平台企业在定价方面的弹性，企业可以选择补贴某一边群体，促进其使用者数量的增长，进而吸引另一边群体支付更多的费用。

平台企业为一边市场提供费用上的补贴，借以激起该群体中的人们进驻生态圈的兴趣，我们将此群体称为“被补贴方”。反之，平台另一边的群体若能带来持续的收入以支撑平台的运营，我们则将其称为“付费方”。

淘宝网与eBay等电子商务平台的“卖家”就是“付费方”。卖家可以通过支付额外费用，取得多项增值服务，包括付费让自己的商品出现在更显眼的地方，获取更高的曝光率。“买家”则是“被补贴方”，不需要付钱便能登录电子商务平台的庞大数据库，浏览上千万种商品，轻松找到自己所需的。另一个例子是求职平台——前程无忧网，该平台上的“招聘者”往往是各大企业用户，平台俨然是“付费方”。他们必须支付会员费用，或者在刊登职缺时缴费给平台企业。反之，“求职者”则是“被补贴方”，不需要花钱便能上传自己的履历表给各大招聘企业，获取面试机会。

说穿了，补贴就是平台企业对于某一方群体提供免费（或者普遍低于市场价格）的服务，借以吸引该群体的成员入驻自己的生态圈，并以此为筹码，转而吸引另一方群体。但在企业的初创期，应该视哪一边为“付费方”，哪一边为“被补贴方”呢？这实质上是一种战略考虑，也是影响平台获利与成长的关键要素。

在平台商业模式的历史中，常会出现数家企业服务于相同的市场，却选择完全不同的补贴对象的情形。以媒体播放器为例，微软的视窗播放器与RealNetworks（瑞尔数码）的Real播放器均是具有多重功能的播放器，能在电脑上欣赏MP3、MPEG、AVI等格式的音频与视频内容。微软以免费方式为一般电脑用户提供视窗播放器，并将它与其他产品打包，赠送给内容提供商。而RealNetworks却实施了不同的补贴模式。虽然它也为一般电脑用户免费提供Real播放器，但它却向内容提供商收取了费用。然而在面对微软造成的威胁之后，RealNetworks立刻改变了策略，转而向用户收取固定月费；也就是说，用户群体在该平台生态圈的角色已从“被补贴方”调整为“付费方”。

由此可见，在平台商业模式中，补贴模式是一种战略性抉择。

补贴模式的准则

平台企业该将哪一边市场群体设定为“付费方”，哪一边设定为“被补贴方”？是否有战略参考依据？在这里，我们提供5项原则：[①]

① 参见艾斯曼、帕克、阿尔斯丁《双边市场的策略》，《哈佛商业评论》，2006年第10期。

表 2–1　补贴模式的 5 项原则

原则	被补贴方	付费方
价格弹性反应	高	低
成长时的边际成本	低	高
同边网络效应	正向	负向
多地栖息的可能性	高	低
现金流汇集的方便度	困难	容易

价格弹性反应

价格弹性是经济学概念，表示当一项产品或服务的价格改变时，对有意购买的消费者数量的乘数影响，高价格弹性反应指的是在提高价格时，有意购买的消费者数量会加乘下降；在降低价格时，有意购买的消费者数量将会加乘提升。换言之，高价格弹性代表消费者对价格改变的敏感度较高。当平台提升其价格时（包括进入平台的会员费用、增值服务的费用等），价格敏感度高的群体，流失现象会特别严重；而当平台的价格降低时，价格敏感度高的群体更容易被引发网络效应，这些用户会一窝蜂地涌进来。因此，价格弹性高的群体适合作为“被补贴方”，因为只要为他们提供折扣甚至免费的服务，就能够吸引大批群体进入平台生态圈。

相对地，低价格弹性反应则代表消费者对价格改变的敏感度较低。平台的价格变动时，对该用户群体数量的增减无法产生显著的影响。也就是说，无论平台提升或降低价格，拥有低价格弹性群体的用户人数都不会出现大幅度的变动。所以有此特质的群体适合作为“付费方”，因为向他们收取费用，不会造成人员的过度流失。

一般而言，个体用户价格弹性高，适合被当成“被补贴方”；企业用户的价格敏感度相对较低，适合被当成“付费方”。我们可以看到，谷歌搜索引擎从广告商那里赚取利润，进而补贴给其用户；信用卡体系则从商家那儿收取1%~3%不等的佣金，但持卡人却因此受到补贴，多数情况下无须支付手续费。

成长时的边际成本

在双边模式里，若某一方群体的用户数量增长，企业为服务于这些新用户所产生的边际成本仍能够保持较低水平，该群体就可以被称为“被补贴方”。因为平台企业不会希望在生态圈快速成长时，补贴的总成本随之剧升（这有悖于爆炸式增长而赢利的原则）。

反之，使用者数量增长时带动了高边际成本的群体，则应被称为“付费方”；如此一来，平台企业不但能够挪出此“付费方”所支付的一部分款项来抵消他们所产生的较高成本，也能有效地壮大“被补贴方”的整体数量。

一般而言，数字商品的重制成本较低，趋近于零（例如，即时通信软件、电子邮件与社交网站等），在打造平台时虽然必须花一大笔钱，但后续加入的会员为平台带来的额外边际成本极小。因此，在线平台常能够提供大量的免费注册账号，社交平台（如人人网、世纪佳缘）或提供免费试用软件（如PDF文件系统、QQ即时通信工具）的平台企业都属于补贴“低边际成本”用户方的成功案例。

同边网络效应

我们之前提过，正向的同边网络效应指的是，当越多的属于此群体的人们加入平台，每位用户的效用都会增加，进而吸引更多属于该群体的使用者加入。负向的同边网络效应则表示该群体的使用者之间会有相互排斥的作用；越多人加入，反而会削弱其他人的加入意愿。

因此，当某一边群体拥有正向的同边网络效应时，成为“被补贴方”是最为理想的。因为一旦平台企业提供补贴，便能有效地吸引这群人以“倍增式”的速度加入，产生惊人的成长效果。反之若向此群体收费，会让使用者的数量增长减缓，网络效应带来的增值性无法得到体现。以社交网站为例，如果用户间的同边网络效应异常强大而且是正向的，人们会因为朋友的加入而跟着加入；反之，一旦开始收费，用户流量的增长将受重创，严重者还可能流失掉用户。同一群体中的用户会感受到他们难以与多数人联系。

有趣的是，当某一边群体的同边网络效应为负向时，企业可以将这一群体中用户相斥的特性转换为获利机制，让有支付能力的使用者出钱购买排他性的地位。例如，百度竞价排名关键词广告，因为搜索结果的显示页面有篇幅的限制，有钱的广告商愿意出高价以争取曝光机会，并且阻碍竞争者的广告曝光。因此，当某一边群体拥有负向的同边网络效应时，则应被视为“付费方”，以此来拟定定价策略。

多地栖息的可能性

若某群体能够轻易地在数个相似的平台中栖息，也就是说，如果该使用群体转换平台的代价并不高，那么要想向他们收费将有相当的难度。他们可以轻易跳槽到费用更低的平台，甚至引发各平台间的恶性降价。所以就本质而言，这类群体适合成为“被补贴方”。

另一方面，若某个群体多地栖息的可能性较小，也就是转换平台的成本相对较高，那么他们适合成为平台的收入来源，也就是“付费方”。eBay里的知名商家多已从过去的交易中累积了数万笔正面点评，如果他们转换平台经营（例如跳槽到雅虎拍卖网），他们将失去所有累积至今的信誉和名声。所以他们宁可选择付费，也要在eBay持续经营事业。

现金流汇集的方便度

有时，单纯因为现金流难以集中，平台企业便很难对某边群体进行收费。例如，百度等搜索引擎若想对全国每一位用户收费，并非易事；况且，若每道搜索结果都要收取一分钱，也不太实际，光是统计和经营成本就难以估量。相比之下，集中向广告商收费则简单多了。

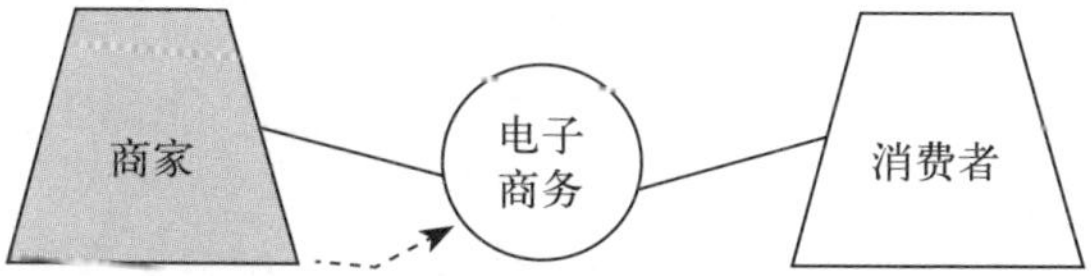

图 2–5 “付费方”与“被补贴方”

注：图为电子商务的典型双边模式。相较于消费者，商家拥有较低的价格弹性反应，平台成长时会带来较高的边际成本，同边网络效应多呈负向，多地栖息的可能性较小，而且现金流的汇集也比较方便，因此被设定为“付费方”，图中我们以灰色阴影来表示。箭头代表平台赢利的收入来源。

进阶研讨：双边模式与补贴模式的关系

由上述条件我们了解到，许多双边平台企业的补贴模式都是直接将一边群体视为“付费方”，将另一边群体视为“被补贴方”。例如，依据上述 5 项原则，连接买家与卖家的电子商务平台理所当然会将卖家设定为“付费方”，将买家视为“被补贴方”。因此，对于大多数的平台企业而言，补贴模式可以直接套用在既定的双边市场框架上。

然而有时候，平台企业发现双边的大部分使用者都很不愿付费，此时，平台不能单纯地将一边群体完全视为“付费方”，将另一边群体完全视为“被补贴方”，而是在两边使用群体中找出比较愿意支付的使用者作为“付费方”，其他则作为“被补贴方”。例如，婚恋平台“世纪佳缘”的双边模式连接了“男会员”与“女会员”这两边群体，促进他们在平台上互动，为其提供滋生爱情的机会。整个世纪佳缘生态圈的框架，就是一个为了组织男会员和女会员交流的多重机制。然而有趣的是，世纪佳缘并没有将“付费方”锁定为全体男性会员或全体女性会员。如图 2–6 所示，该平台将“付费方”定义为“任何愿意购买增值服务的会员”——无论男女，例如，那些即将被归为剩男剩女之列而急于找到另一半的人。

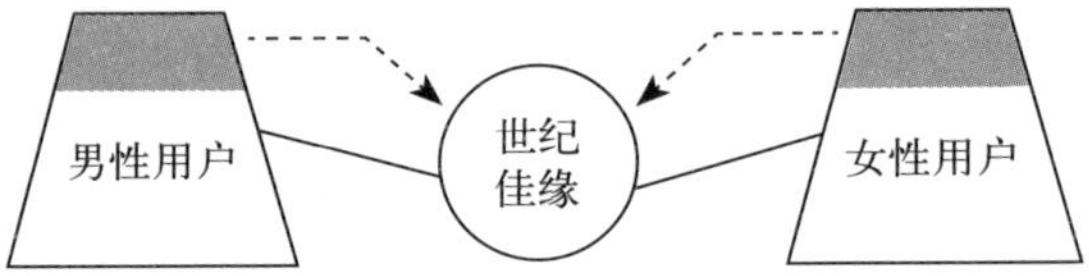

图 2–6　世纪佳缘的补贴模式。

注：“付费方”是愿意购买增值服务的用户。对于平台企业而言，这些人可以说是生态圈结构里位于金字塔顶端的重要客户群。“被补贴方”则是使用免费基本服务的用户。

本书以梯形象征平台企业所连接的市场群体，正有金字塔的意味，代表当平台生态体系达到了临界数量后，将自然发生的泛阶级现象。阴影代表愿意付费的一部分用户。

任何人在登录此婚恋平台后，都能上传自己的照片，且能浏览数以万计的异性照片与资料。但只有那些愿意支付额外费用的人，才能够通过各种增值服务，大幅提升与理想对象结缘的机会。而“被补贴方”则是那些没有付费的用户，他们只能在这个婚恋平台上使用一些免费的基本功能。

因此，平台企业初创时，首先必须决定要连接哪两个市场群体，即搭建起“双边模式”。而后定义谁是“付费方”、谁是“被补贴方”，即制定补贴模式。对于多数平台企业而言，补贴模式的框架与双边模式是契合的，它们只需挑出某一边群体为“被补贴方”，另一边群体为“付费方”即可。但也有像世纪佳缘这样的企业，以摆脱原有框架的方式制定出补贴模式。或是像起点中文网，若以上述5项原则来衡量，必然该由作者群体担任“付费方”(现在该平台的“付费方”正是作者，因为他们所赚取的收入必须与起点中文网分摊)；然而起点中文网还为某一部分读者粉丝制定了增值服务，例如能慷慨地为喜欢的作品“打赏”(就是捐赠更多钱的意思，其中约一半也会被平台吸收)，这群人同样也可以被视为“付费方”。

由此可见，即使在既定的双边模式框架下，补贴模式仍可以千变万化。事实上，许多平台企业就是靠着极富创意的补贴战略，建立起自己的竞争优势的。总的来说，设定补贴模式的目的，就是要在不同的市场群体之间形成一种刻意的不平衡，像倾斜的跷跷板一样引发第一股推动力，进而激发网络效应。

赋予用户归属感

不知从何时开始，苹果每推出一款新产品就会在全球掀起一股热潮。各式新颖的MacBook（苹果笔记本）电脑、iPod（苹果公司音乐播放器）、iPhone，到2010年上市的iPad，全都结合了设计高度美观的硬件、多样化且完善整合的软件。除了令使用者爱不释手外，更在部分人群中掀起了宗教式的狂热，让他们成为坚定不移的追随分子。

这些人以最先进的电子产品打造数字生活，并以此为傲。苹果的最大成功就在于，它塑造了品牌与使用者身份之间的连接意识，能够让用户深深产生共鸣，认为该品牌是自己人格特质的投射。产品是这股力量的实现方法，而惊人的销售量，不过是此现象反映出的结果。

然而，这种真实的归属感，并不仅仅来自于品牌的表面效应。它与穿着名牌衣裳那种标签式的吸引力不尽相同。App Store、iTunes等软件平台吸引了数千万应用软件开发商，在经过苹果平台的组织整合后，它们将一系列丰富的应用软件呈现于用户眼前。用户挑选自己喜欢的东西来安装，将自己手中早已爱不释手的产品更加个性化，完全属于自己一人。这种通过行动参与和自我决策所建立的归属感，才是根深蒂固的。

通过机制唤醒用户归属感

许多平台企业在制定种种机制的初期，往往聚焦在硬性功能上，而忽略了用户心理的软性层面。若能建立一套机制体系，协助平台用户对该生态圈产生归属心理，结果将相当惊人。

一旦平台企业成功唤起用户的归属感，它已完成了两项重要任务：第一，用户黏性在无形中大幅提升，而且效果往往比强制性的捆绑有效；第二，这些拥有强大归属感的用户，很有可能成为所谓的“意见领袖”，自发地表达自己对平台的钟爱之情，为生态圈带来更多新用户。

那么归属感如何建立呢？用户的共鸣如何才能被激起？不同的产业有其不同的着眼点，并非所有企业都必须像苹果一样砸下大量的研发重金来制造漂亮的硬件或界面系统。聪敏而有效的机制，同样能够点燃人们心中的火苗。我们认为，能够潜移默化地激发用户归属感的方法之一，就是“赋予用户权限”的机制。

现在，让我们看看网络文学平台中的领先者——起点中文网的例子。

案例：起点中文网

起点中文网的崛起，是一个混沌年代所孕育出来的契机。当时，中国内地多数的小说类书籍都缺乏统一的渠道，传统出版产业链非但缺乏效率，在广大而混乱的地理环境中更是缺乏营销手段；好的原创作品就算受某些出版商青睐，却往往上市没多久就如石沉大海，无法有效吸引读者大众的注意力。

美国Barnes & Noble（巴诺书店）、Borders（博德斯公司），以及台湾的诚品和金石堂等书局，均赢在成熟的实体书市场中强大的零售环节上，是许多小说作品进入读者市场的决定性因素。然而当时中国内地的情况稍有不同——产业呈碎片状，资源欠缺整合。但在同一时间，互联网的兴起悄悄改变了人们的消费和娱乐行为。有创作热忱、渴望发表作品的作者群体，也开始注意到世界运行的方式似乎正在改变。

然后，起点中文网出现了。几乎是在毫无预警的情况下，它打碎了整个原创出版业既有的产业链，不但取代了出版社的功用，更扮演起经纪人、经销商的角色。起点以整套完善的机制体系引导读者与作者之间交流，直接满足读者群体在阅读方面的多样化需求，而且还圆了每位作者的梦，让他们的故事直接贴近市场。起点中文网的商业模式属于“市场导向”，而非“产业导向”，它打破了传统出版业的游戏规则，并且以内容的实时更新为特色，这使其时时刻刻都备受关注。它以革命性的号召力为开端，并在短期内成为网上小说这一新市场的龙头。起点中文网的注册用户人数已超过3 400万，[10]而在任何一天，平均都会有超过200万名读者通过这个平台进行阅读。[11]这是领先于所有竞争者的数字。

在推翻传统产业瓶颈的双边模式里，起点中文网究竟是通过什么样的机制创造出如此强大的黏性，凝聚起读者群与作者群的呢？答案是，起点中文网上的读者，拥有千百年来传统实体书籍的阅读者不曾有过的权利——他们能对创意的源头（即作者与故事）产生直接性的影响力。而且这种影响力是即时且强大的。

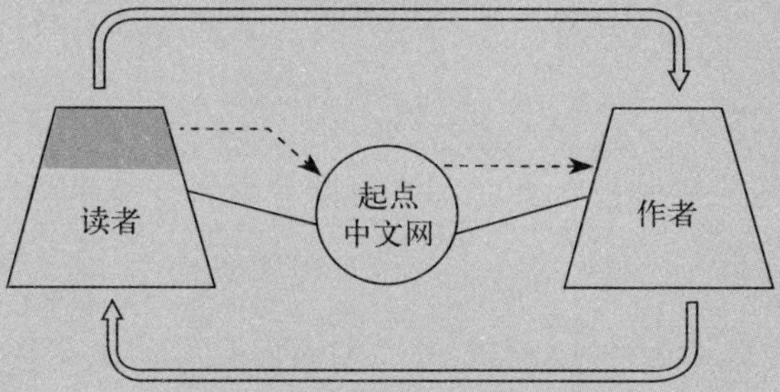

图 2–7　起点中文网的双边平台架构。

注：读者与作者间相互吸引，并通过平台机制产生互动，因而滋生了对生态圈的归属感。“付费方”是广大在线读者中顶端一小部分人群，约占读者总数的 1%~5%，我们用梯形上层的灰色来表达。由他们产生的现金流支撑着平台企业的运营，而平台企业则会给作者群体分成。

读者能在第一时间通过留言板对故事章节提出意见。这种市场反馈机制在某种程度上主导了作家的创作方向，影响了故事剧情与人物的走向。此外，“投月票”、“投推荐票”等机制还可以让读者用实际行动支持自己喜爱的作品，在协助作者登上排行榜的同时，也影响作者从平台获得的奖金的多寡。“好评指数”机制让读者给予该作品 1~5 颗星的评价。于是，作品的主页会出现星级统计结果；若平均为 5 颗星，则会被贴上“经典必读”的标签。起点中文网设置了“催更”机制，让享受故事到欲罢不能的读者得以对作者传达自己的心愿，说出隔天希望看到多少字数的更新章节。读者可以选择 3 000、6 000、9 000、或者 12 000 字来进行“催更”。作者则能立即收到“市场的期待值”，并相应调整自己的写作速度。事实上，有的作者在人气达到高度期望值的时候，选择辞去了原有的工作，在家专职写作，其目的就是迎合读者们的期盼。而“打赏”的机制，则让读者能够直接给予作者金钱方面的鼓励。[12]

上述一连串眼花缭乱的机制，组成整套完善的系统，其实说穿了就只有一个目的——赋予读者前所未有的权限。它们全都指向一个终极目标：通过增强读者的话语权，让他们从内心萌生对此平台的归属感。

这种种机制都激励着读者群体与作者群体直接互动，在这样的交流过程中，双方对此生态圈的归属意识不知不觉受到强化，最终凝固。再打个比方，起点中文网的读者能够通过“我要分享”机制将深爱的某部作品推荐到自己在开心网、人人网等社交平台的账号页面，进一步将对网络文学的热爱融入生活动态中。所有这些机制都是为了在无形中提升用户的归属感，而这样的归属感将成为网络效应的引爆基础，并提升赢利的可能性。许多人并未意识到“赋予读者前所未有的权限”的重要性，这是人类阅读史上的重大突破，也是线上出版平台得以成功的主因之一。

我们反观在起点生态圈的另一边群体——小说家。这些作者同样是在各种精心设计的机制的层层包围之下，对此生态圈产生归属感的。如前所述，读者即时性的支持行动会反映在作品的排行榜上。起点中文网的主页打出了各式各样的排名，包括依每周、每月，或总数来计算的人气点击排行榜，或是书友推荐排行榜等；也有依“月票”（需花钱购买的每月鼓励票）投票数的多寡来竞争的排行榜，以及依故事类型分类的排行榜（比如武侠小说榜、言情小说榜等），这些排名机制直接刺激作品之间的竞争心态，使所有作者都想努力挖掘读者市场的需求所在。因此，在该平台的补贴模式中，作者群是“付费方”（这也可由作者的薪金制度看出来。目前，每1千字的撰写所带来的两三分人民币收入中，作者会分得一分钱，其余的被平台吸收）。同时，VIP付费读者也属“付费方”。

除此之外，起点还设置了“作者调查”、“作者悬赏”等机制，向读者征求意见，也就是作即时性的市场调研。作者甚至能够通过币值点数的反向赠送，向读者寻求某些特殊意见或需求。“本书荣耀”的机制，则公开表扬每部作品在哪个日期取得哪些成就，标出该作品成长历程中的重要里程碑。比如“累积获得20万张推荐票”、“累积获得100万点击”、“登上起点首页热点封面推荐”等，全被仔细地记录了下来，在宣传的过程中，作者建立了自信，获取了动力，产生了无与伦比的归属感。如此一来，当作者某天想跳槽时，他必须考虑放弃所有累积至今的名声和资源，这些成了无形却实际的转换成本。

值得一提的是，起点中文网还设置了将读者群分等级的“粉丝积分”机制，让参与度高的读者获得更高的荣耀。等级的分类从初级的“见习”、“学徒”、“弟子”，到高级的“掌门”、“宗师”、“盟主”都有，将读者归属感以系统化的方式呈现出来。比如，普通读者给予一部作品的月票上限是五张票，但成为“盟主”时，则拥有更大的权限。因此，作者除了花心思在创作精彩的故事情节上，也必须进行自我营销，争取高等级、颇具影响力的“意见领袖”读者来支持自己。

总的来说，起点中文网通过一系列互动机制打造了环环相扣的体系，促进了平台中的双边群体在与对方交流时找到各自的归属，并与对方一起扎根于此生态圈。

开放式策略和管制式策略

平台模式中，对于用户“边”的定义，是必然拥有开放性的特质的。否则，即使该群体与平台企业有商业往来，也不能被称为生态圈中的一个群体边。

以苹果的智能手机为例，iPhone的硬件制造商在产业链中扮演了至关重要的角色，它们的生产质量会直接决定iPhone在消费者心中的地位。然而我们并不能将这款手机的生产厂商视为iPhone生态圈中的一边（因此在图2–9中，我们不将它画为梯形，而是将其视为iPhone平台的一部分，也就是圆圈本身）。最主要的原因就是，苹果并未将硬件这一边打造成开放的群体（例如三星不可以开发iPhone5S）。苹果的每一代iPhone产品的设计完全由自己把关，并且非常严谨地决定交由哪些制造厂商来负责生产。反观谷歌的安卓（Android）系统，硬件部分可以说完全开放给任何欲借安卓系统发展的手机制造商。于是，数不清的厂商纷纷投身到安卓的平台之中，俨然成为生态圈中丰富多元的一边群体。

然而，由于产业与市场性质不同，某些平台企业会选择设置“用户过滤系统”，将不符合准则的人们排除在生态圈的大门之外。如此一来，我们该如何区别“开放”的定义？一旦审核机制过度严格，甚至将众多客户成员隔离开来，我们是否就无法合理地称他们为生态圈中的一边群体了呢？

一种最基础的辨识方法是，只要平台企业与该群体的关系是通过“中立的机制选择”被纳入生态圈之中的——无论该审核体系多么严格——我们都可以称其为开放的“边”。反之，若由平台企业亲自挑选搭配的成员，则不能够视其为“边”，因为平台企业已失去其固有的中立性，这些成员顶多算是供应商或合作企业。

iPhone手机的硬件制造商不能够代表其生态圈中的一边市场，因为那些制造商是苹果自己亲手挑选出来的。而iPhone内建App Store的应用软件开发商，则实实在在代表了一边市场群体；纵使苹果设立了相当严格的过滤条件，淘汰掉许多不合格的开发商，却从未亲自点明哪些人能够进入App Store。高门槛的生态圈大门依旧敞开，欢迎所有符合其严格条件的开发商入驻。[①]

可以想象的是，面对某一边群体的策略绝对不只是完全开放或完全封闭这两种选择，这中间存在着无数种可能性。例如，毫无阻碍的全面开放策略、准则宽松的高度开放策略，或是过滤机制极度严谨的低度开放策略（我们称

---

① 事实上，在2011年第一季，苹果的App Store仍以超过35万款软件数量的规模遥遥领先所有竞争对手。而且通过App Store这个电子平台，苹果支付给软件开发商的总金额已高达20亿美金（参见http://digitaldaily.allthingsd.com/20110302/apples-ipad-2-event-by-the-numbers/?mod=twitter&utm_source=twitterfeed&utm_medium=facebook）。

为管制式策略[①])。让我们以不同的智能手机市场为例，深入探讨开放式策略与管制式策略的差异吧。

案例：智能手机操作系统平台

在过去的两年内，智能手机在全世界掀起了一股旋风。它提供了旧式手机所不具备的互动功能。其中，苹果的iPhone尤为火热，而谷歌的安卓系统也以惊人的态势奋起直追。

智能手机的高速发展必须归功于操作系统平台的发展，如苹果的iOS（互联网操作系统）、谷歌的安卓、诺基亚的塞班（Symbian）等。这些操作系统平台最大的突破，便是能让使用者通过付费或免费下载安装自己想要的应用软件。与以往的手机从买来的那一刻直到丢弃时的界面都未曾改变不同的是，当代智能手机给用户提供了相当大的选择空间，人们能够将它的内容自行定制成想要的模样，安装自己喜爱的软件。我们甚至可以说，不会有一台智能手机的内容与另一台的完全相同。

智能手机连接了数个不同的市场，打造出相当独特的生态圈。我们以谷歌的安卓系统和苹果iOS这两个截然不同的平台模式为例，看看它们是如何借以对每边市场采取不同程度的开放策略，实现各自的赢利目标的。

① 许多分析者因为看见苹果公司对软件开发商所提出的种种严格条件，称苹果对开发商采取的是封闭式战略，我们认为这一看法并不妥当。真正的封闭，不会与平台中的其他市场群体产生选择性互动，如同完全由苹果所掌控的硬件供货商或是合作企业（比如iPhone的硬件制造商，确实是“封闭”的一方。）一样。正如苹果公司首席执行官乔布斯所说，许多人将苹果贴上“封闭”这一标签予以曲解。对于开发商的严格审核，乔布斯称之为“高度整合式”策略，本书则以管制式策略称之——它确实以开放为基础，只不过是条件苛刻的“低度开放”。

谷歌的安卓系统摆脱了统一的硬件规格，对“手机制造商”这一边实行高度开放策略，与许多知名的手机大厂合作。如HTC（宏达电）、摩托罗拉、三星等公司，均发行了以安卓系统为主的智能手机。只要通过相当开放的申请条件，几乎所有厂商均能使用安卓系统。同时，第二边“软件开发商”设计出上万种应用，在安卓的电子市场上提供给用户。当然，第三边“手机用户”代表着目标消费群体。而该系统的第四边市场则是谷歌赢利的命脉——“广告商”。如图2–8所示，谷歌的安卓平台连接了4边市场群体：手机用户、手机制造商、软件开发商与广告商。

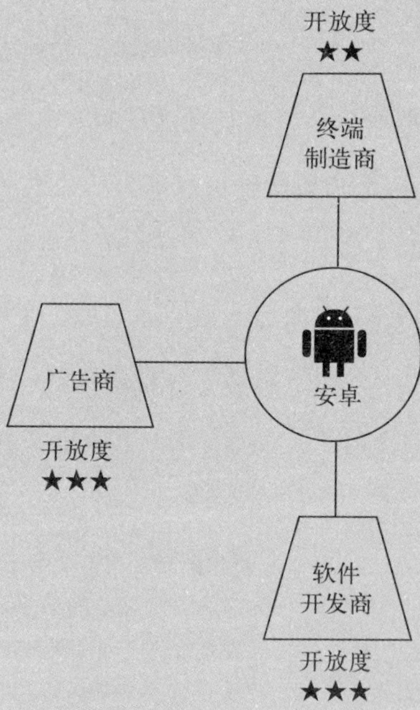

图2–8　谷歌安卓系统的平台生态圈及其与各边市场的开放程度

而图 2–9 中苹果iOS的生态圈却与此不同。首先，iOS的硬件具有统一规格，苹果自己把关制造程序。这方面苹果并未对外开放，所以实际上，它不能被称作是一个“边”。“软件开发商”这一边的开放策略，最早是由苹果开始的，然而，苹果对这些开发商依旧持非常谨慎的态度。“手机用户”同样是iOS生态圈中的消费族群。而最后，“广告商”虽然是苹果的第三个“边”，却不是其主要的赢利来源，所以广告商在iOS生态圈中的位置并不如在谷歌安卓中重要。可以说，苹果的iOS生态圈连接了三边市场群体：手机用户、软件开发商、广告商。但由于iPhone的主要收入来源于收费软件的利润分成与手机终端本身的销售额，也有人将广告商排除在分析范围以外，将iOS视为一个成功刺激用户与软件互动的平台。

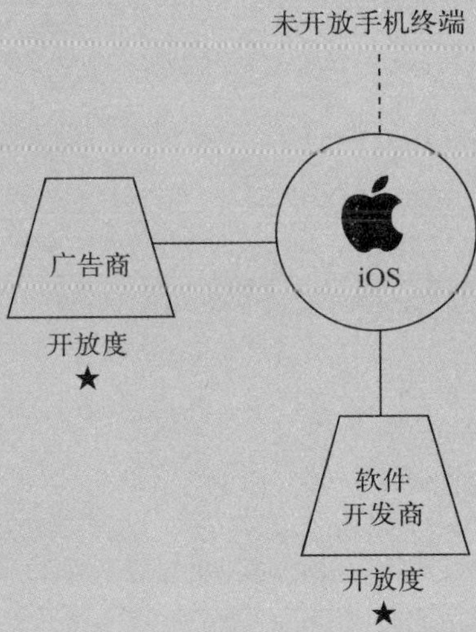

图 2–9　苹果iOS的平台生态圈及其与各边市场的开放程度

谷歌安卓系统的生态圈

谷歌的战略是采取多边开放策略，非但对软件开发商采取宽松的审核标准，还与诸多有意愿的手机制造商合作。这正是安卓手机与苹果手机最大的不同之处：相较于苹果只有iOS一种款式，安卓系统的硬件设备却与其他的大品牌绑定，如上述的三星与HTC。而且这些品牌会经常推出不同款式的手机，拥有多样化的外观与功能，全部使用安卓界面[①]。换句话说，安卓纯粹是一个操作平台的概念，以高度开放的本质连接了各边市场。

上述这些成员想要进驻安卓的生态圈，门槛并不高。谷歌甚至为其提供开发源代码以及许多核心工具，如搜索引擎、电子地图、文字处理工具等。而在谷歌的强力支持下，安卓的平台生态圈很快便趋于成熟，进入高速成长阶段。

2010年，安卓的全球软件开发商有68.9万个，电子软件商城Android Market（即安卓市场，之后改名为Google Play）在该年年底前累积了超过10万个应用软件，谷歌也从Android Market里赚取了10亿美元。然而需要注意的是，安卓这笔收入大多源自于广告商，这是谷歌生态圈的核心赢利主轴。它不像苹果的App Store，主要是靠付费软件的利润分成来获利。在Android Market里，供人免费下载的应用软件占七

① 谷歌在2010年1月推出了自创品牌手机“Nexus One”，这款手机也使用安卓系统。在收购摩托罗拉后，谷歌又推出数款运用安卓系统的手机。然而对消费者来说，这些仅是众多使用安卓系统的手机中的几个而已。

成，其中超过40%均融入了谷歌AdMob①的广告。[13]

苹果iOS的生态圈

苹果iOS的发展历史相当具有传奇性。2007年下半年，iPhone一上市即在北美与欧洲市场取得佳绩，仅74天的时间便突破百万销售量。2008年1月的销售量约400万部，到2009年2月时，它已占据北美智能手机51%的市场份额，[14]而在2011年3月，iPhone的全球累计销售量竟突破了1亿部。[15]

然而苹果的聪明之处不仅在于其对硬件质量的要求，更重要的是它对平台战略的准确拿捏。依照iTunes的成功模式，苹果创建了软件平台App Store，供用户下载各式各样的应用程序。此举使App Store这一软件平台与iPhone手机的硬件平台和操作界面相辅相成，一并繁荣起来（本章节的图将它们视为同一个生态圈）。嗅到赚钱机会的软件开发商蜂拥而至，然而苹果却设下高门槛，对所有开发出来的软件进行严格的审核，未达标准的通通被过滤掉。虽然苹果对开发商群体的策略被许多人视为"低度开放"，却保证了这样一个事实：在App Store上，无论是付费或免费下载的软件，均具备优良的质量，因此，消费者在心中树立起苹果生态圈的口碑。再加上苹果对于手机硬件的功能与外观设计均怀着宗教信仰般的坚持，非亲自掌控不可，完全不冒开放式策略所带来的质量风险，种种理由皆让人们对iPhone产生了前所未有的热爱。

① 谷歌旗下的一家移动广告公司。——编者注

当然，苹果在面对软件开发商时，除了提出严谨的把关条件，同时还向其展示难以抗拒的诱惑。苹果采取和开发商三七分成的策略——苹果只拿30%的利润分成——这在当时算是慷慨之举。许多被吸引而来的开发商心甘情愿地照苹果的游戏规则走，打造了一批又一批多样化、新颖而优质的应用软件：档案管理软件、休闲游戏软件、旅游帮手软件等，应有尽有。截至2011年第一季，苹果已卖出逾1亿台iPhone，[16]而在当年的1月22日，App Store更创下应用软件被下载100亿次的惊人纪录。[17]

这种合作方式确实让许多开发商借由App Store平台赚到了大钱，甚至有许多应用软件每个月的利润高达百万美元。比如，有一款名为Infinite Blade（无尽之剑）的奇幻动作游戏，售价为5.99美元，在App Store发布仅四天即卖出27万套，赚了160多万美元；[18、19]有款中国小朋友都热爱的游戏——植物大战僵尸，它的iPhone版本在推出短短9天内赚了100万美元。[20]

iPhone对软件开发商采取严谨、低开放性的管制策略，并一手掌控硬件的设计与制造，打造出iPhone良好的质量与高端口碑。虽然它的购买群体在所有手机消费市场中只占了一小部分（包括智能手机与普通手机），2010年年底时仅占4.2%的市场，然而，通过控制高端消费群体，iPhone在全球手机市场中竟支配了51%的利润份额。[21]

生态圈的战略架构对比

安卓与iOS代表着完全不同的生态圈架构。同样是智能手机的顶尖代表，它们却对所连接的每一边群体作出了迥然不同的战略决策，以相异的开放程度创建了整个平台生态，并依此打造出各自的赢利模式。

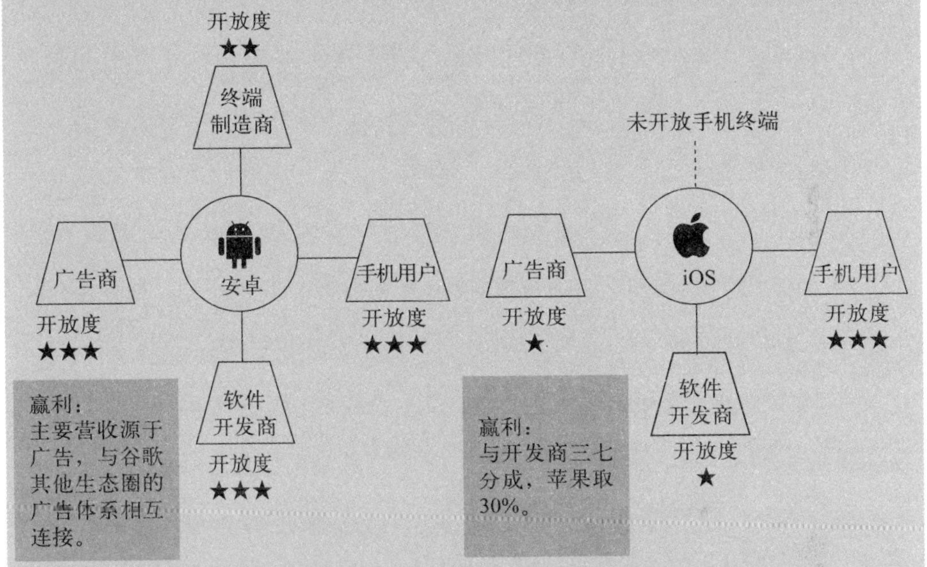

图 2–10　安卓与iOS的平台生态架购及其与各自的主要利润来源

注：灰色线段代表该群体受到其他哪方群体的吸引。在这两个体系中，苹果iOS生态圈的利润多来自于软件开发商的分成，而谷歌安卓系统的生态圈则主要来源于广告方面的营收。

图 2–10 显示，苹果的用户在意的是iPhone手机本身的功能与设计样貌，还有App Store里所提供的各种应用软件。iOS的平台生态圈将手机用户与软件开发商的双方价值进行结合，让他们彼此吸引，产生强大的跨边网络效应。苹果则从付费软件的下载中抽取三成的利润。统计显示，单是2009年一年，全球手机应用软件的总价值便高达42

亿美元，其中绝大部分都是iOS的软件；该年度苹果就从中赚取了10亿美元。[22]对于iPhone的高利润手机终端以及软件分成利润来说，广告并非主要的赢利来源。

反观图2–10中安卓的用户群体，无论是对终端硬件还是应用软件，均拥有众多选择。而在高度开放的生态圈架构中，这些多样性选择便是谷歌寻求广告商机的意图。自推出以来，安卓的高度开放策略颇见成效，一年之内，安卓系统的手机销售额便突破888%的成长率，从2009年的680万部，迅速冲破2010年的6 700万部。若以操作系统为市场份额的分界，安卓的表现更令人惊奇。2009年它不过占有3.9%的市场，到2010年却已达到22.7%。2010年年底以后，安卓的市场份额已超越苹果iOS和诺基亚的塞班系统，①俨然成为全球最受欢迎的智能手机操作系统。[23、24]直到2011年，安卓仍保持智能手机市场占有率的领先地位。高德纳咨询公司最新发布的资料显示，2012年第二季度，

---

① 塞班系统是被诺基亚所收购的智能手机操作系统。若以使用该系统的手机销售数量计算，它在2009年与2010年分别以46.9%与37.6%的市场份额夺冠。苹果iPhone的专属操作系统iOS则以14.4%、15.7%分别列居第三、第四位。另外，黑莓手机的操作系统拥有19.9%、16%的份额，显些胜过iPhone（参见http://reviews.cnet.com/8301-19736_7-20031147-251.html）。我们必须看清，若以使用某系统的手机数量为市场份额为计算方式，走高端路线的iPhone明显无法掌控最多的量。然而iPhone在全球手机的竞争行列中，仍占有最高比例的利润份额，以51%遥遥领先所有对手（参见http://zj.pcgames.com.cn/iphone/new/1102/2126728.html）。此外，到了2011年，智能手机的竞争格局出现了出人意料的变化，诺基亚放弃不再受消费者喜爱的塞班操作系统，决定与微软合作。塞班遗留下的市场份额迅速遭到瓜分。谷歌安卓以29%的市场份额领先所有对手，而iOS与黑莓手机系统也急起直追，各自霸占智能手机操作系统27%的市场份额（参见http://www.mobilemag.com/2011/03/03/nielsen-breaks-down-smartphone-market-share-by-brand-and-age/）。

安卓手机与iPhone的销售数量比已经是3.4：1，并且差距越拉越大。

众所周知，苹果所销售的是iPhone的质量，以及App Store中应用软件的质量。基于这些原因，苹果对平台上的各边群体进行严格的把关，采取低度开放策略，也就是以管制式策略主导整个生态圈。谷歌打的则是另一种算盘。它所销售的是广告（事实上，这也是谷歌一贯的赢利导向，更是它精通的领域）。安卓系统会对终端设备采取高度开放政策，与各大手机厂商合作，其目的是覆盖越来越多的用户，因为广告若要赢利，必然要与广大客户直接接触，人手一机将是他们最乐见的。安卓系统对软件开发商同样实行低门槛、高度开放的策略，并且通过提供大规模、极端多元的软件来满足不同用户的爱好和习性，协助其拟定精准定位广告的策略。

安卓的高度开放，导致其产品碎片化、质量难以监管、口碑难以统一。曾经，当Twitter（推特）希望提供服务给安卓的使用者时，它所面对的是244种不同的终端手机与100种不同版本的界面软件，这对软件开发商而言是件非常头痛的事。[25]同样，游戏开发商GameHouse为了迎合市面上550多种安卓手机，不得不对自己的游戏进行大幅度的翻修。

一个窘境出现在眼前：许多为安卓系统开发的软件，到最后可能只在某款安卓手机、某些安卓版本之中找得到。这种破碎而缺乏统一性的现象，均给用户和开发商带来了难以言喻的麻烦。更严重的是，由于安卓的赢利核心是广告，导致开发商往往无法依靠销售软件来赚钱。安卓缺乏iOS那种成熟的软件销售文化，而谷歌的用户群也不像苹果的用户群有付费下载的习惯。安卓的付费软件到2011年才占其总数的34.1%，而适用于iOS平台的软件却有66.2%能够向下载者收费。[26]因此高度开放策略所承担的风险，便是质量统一化与用户体验的不一致。而管制式策略若做过头，便成了极度封闭的系统，丧失了平台生态圈的本质与优势。黑莓手机的制造商——移动研究公司（RIM），当初便采取极度封闭的策略，导致最后成了智能手机竞争洪流下的牺牲者。

决定关键赢利模式

到目前为止，我们已探讨了企业在建筑新兴平台生态圈时必须注意的要点。平台企业在连接两边以上的群体后，必须决定核心的补贴策略。然后，通过一连串系统化的机制，引发网络效应，促进生态圈的成长，凝聚各方成员的互动，并使其产生归属感，再通过用户过滤机制维持整个生态圈的质量。如果上述目标全都顺利达成，那么平台生态圈将迅速成长，其规模也将成倍激增。

紧接着，最重要的课题出现了：平台企业该如何实现赢利？

平台模式有趣的地方在于，不仅它的商业模式千变万化，连赢利的方式也逐步走向多元化。基本来说，“付费方”群体通常是平台的收入来源，他们不但可以补贴另一边群体，使其茁壮成长，也为平台生态圈注入了足以维持其运营的资金血液。“付费方”对价格的敏感度相对较低，拥有较弱的价格弹性反应，因此成为平台索取费用的目标，包括进入平台的参与费用、增值服务费用等。

然而现实的情况并非如此简单。商业竞争态势多变，有时平台企业必须作出战略性调整，更正补贴模式，而原来的“被补贴方”可能就需要扛起“付费”的责任。另一个更常见的情况是，平台企业在扩大规模的过程中逐渐分散其赢利途径，以不同的方式向各方群体收费。举例来说，互联网招聘平台前程无忧网原本向其“付费方”——企业群体——进行收费，内容包括会员月费、职缺发布费，以及其他增值费等。[27] 之后由于战略变动，开始向原来的“被补贴方”——求职者——提供付费增值服务，[28] 包括提高简历曝光率、检视哪些企业浏览过自己简历，以及了解自己的简历在求职者群体中的竞争力排名等多项服务。[29] 因此，平台企业赢利的方式不仅多元化，且往往持续衍生、转化。

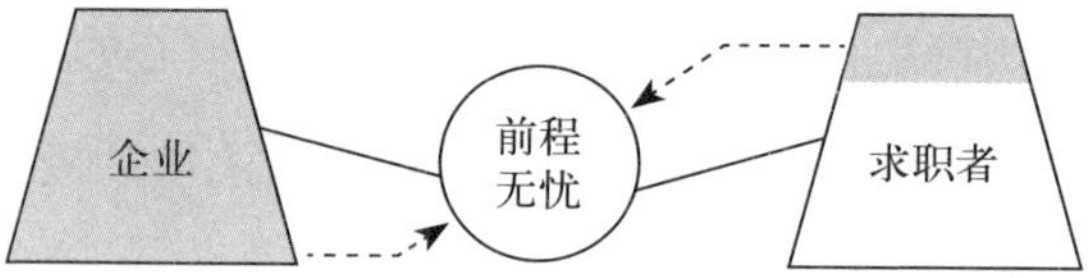

图 2–11　前程无忧网的双边平台架构

注：前程无忧网原本向企业群体收费，之后也开始为一部分求职者提供付费增值服务。

然而，无论是中国还是西方的平台企业均有着无言的共识：若要赢利，平台生态圈必须达到一定规模。有些人甚至相信，只要将平台做大，人气剧增，赢利模式自然就会浮现。这样的说法仅说对了一部分。

若某个社交平台想在自己壮大之后，通过吸引广告商的入驻来实现赢利，那么需要注意的是，当今的广告商所看重的不再只是盲目的曝光，而是更精准、更有市场连接性的营销模式。如此一来，该社交平台的用户数据将变得异常重要；它必须从一开始就能有效地搜集人们的性别、年龄、喜好、地理分布等信息，协助广告商进行具有针对性的分析和营销（可以称其为“data-mining”，也就是数据挖掘）。因此，搜集信息的机制，理应在平台初创时期就被纳入计划。即使平台企业预计在数年后，或者用户数量达到某个门槛之后，才开始进行收费赢利，这些初步考虑依然是总体战略的重要环节，必须在构建生态圈的初期就进行规划。

另一个问题是，赢利模式既然随着企业的千变万化而呈现多元化趋势，那么平台商业模式究竟有没有共通的赢利法则？

答案是肯定的。本节的宗旨不在于列出市面上的千百种赢利机制，而是希望为读者带来两个极重要的观念。这两个观念建立起平台企业赢利的两大原则。下面，我们将分别以一个中国的平台企业与一个外国平台企业为例来对此作出解析。

案例：世纪佳缘

世纪佳缘成立于2003年，以严肃的择偶平台为主要定位，连接想寻找终身伴侣、以结婚为前提的男男女女。用户可以免费注册，登录平台之后马上可以浏览众多异性的数据。该网站的巧妙之处在于，当你点击进入某位异性的数据页，对方的重点信息——包括实际年龄、星座、血型、身高、学历、职业、居住地区，甚至月薪与购车状况等——全都一览无遗，不须花一毛钱。除此之外，你还能阅读对方所记录的爱情观点、生活习惯、个性描述等，深入了解她（或他）的感受；而且，这些全部都是免费的，就连对方的照片你也能免费观看。在这里，不难找到外表吸引你的异性。

我们要强调，世纪佳缘（还有中国的其他婚恋网站，如珍爱网、百合网等）与许多西方收费交友网站最大的不同在于，用户不需要在浏览异性的数据与照片之前进行付费。也因此，许多人在世纪佳缘逛了一圈后，马上发现许多自己想进一步了解的对象。试想，那么多异性数据，通过条件式的分类法系统地呈现，无须缴付任何费用就能轻松获取，理所当然吸引了许多人到这个平台生态圈里。跨边网络效应像旋风般卷起，到了2008年年底，世纪佳缘的注册会员激增至1 500万人，可以说平均每天都有3万名新会员进驻。[30] 两年后的2010年年底，该网站的会员数已增加了一倍，突破3 000万人。[31] 一层接一层的免费机制，塑造出磁铁般的吸引力，使“男性用户”与“女性用户”（择偶平台正是以此定义双边模式）像两股强大的作用力聚合在了一起。此时，关键环节出现了：当你在五花八门的选择条件中找到自己心仪的对象，想要与对方联系的那一刻，你就必须付费了。

没错，世纪佳缘赢利模式的关键就是控制会员之间的沟通渠道。无论你想进行即时聊天，或单纯与对方打声招呼，或是写封充满诗意的信给对方，都必须通过付费机制才能如愿。同样，若你收到陌生的异性寄来的电子信，想打开信件阅读，也需要付费。

世纪佳缘会员用户能够通过缴费取得“邮票”，并以那些邮票享受各式各样的增值服务，包括使用上述的沟通渠道。因此，许多付费会员为了提高异性响应的概率，愿意在给对方的信中奉上“回邮”，这样一来，对方开启自己的信件时则无须付费！（可想而知，这是平台企业精心设置的功能。）

世纪佳缘聪明地采取了开放式的补贴策略——分割出拥有强烈交友需求、愿意掏腰包为自己增加择偶机会的人群，使其成为“付费方”。其他所有人，无论男女，均是“被补贴方”。换言之，它运用同边网络效应所掀起的竞争意识提供增值服务，促进会员间彼此“争宠”，再运用跨边网络效应所带来的相互吸引力，设置沟通渠道的关卡进行收费。

有趣的是，当你登录世纪佳缘的会员专属页，立即呈现在眼前的正是哪些异性会员曾主动浏览过你的数据记录。这时，你会有一窥究竟的好奇心，想知道他们是谁吗？类似的机制能轻易勾起你的遐想，驱动你的好奇心去点击对方数据，看看究竟是谁曾跑来观望自己。不知不觉间，你已被卷入网络效应的启动机制当中。更有趣的是，当你在使用世纪佳缘这一平台时，电脑屏幕的右下角会不时跳出一个小框框，告诉你某某异性“正在浏览您的个人资料”。这种“实时机制”往往令用户脸红心跳，萌发一股冲动想立即与对方发展下去。（当然，如果你正在看某些异性的数据页面，他们同样会收到系统的提醒！）若得知对方的条件（或照片）在自己的考虑范围内，你一定会希望在这一刻就能与对方聊天。这些愿望都能够实现，只要你有付费的准备。

一层层精心设计的网络效应机制，像旋涡般将用户们卷了进来。当需求被唤醒，渴望获得满足的冲动被推到一个临界点，平台则斩钉截铁地设置了一道门槛，必须通过付费才能破除。事实证明，多数人都逃不过这个精心策划的机制体系：世纪佳缘在2009年的收入为8 000万人民币，2010年的收入则破亿，据估计，其当时赢利超过3 000万人民币。[32]

可以说，平台生态圈所设置的多重机制——无论是补贴机制，还是归属感的建立机制等——都是为了吸引大量用户聚集到生态圈里来。而当网络效应产生，人们的渴望达到顶峰，就是获利机制出现的时机。强大的网络效应是赢利的核心。

因此平台商业模式的第一项赢利原则就是，若能巧妙地在势不可当的网络效应浪潮中找到合适的点来设立关卡，获利的成功率会大很多。由跨边网络效应所引起的两股强大需求，在它们为彼此带来满足前的那一个“关键环节”，则是获利的关卡。

而所谓的“关键环节”自然取决于平台所连接的双边群体之间的“核心需求”。

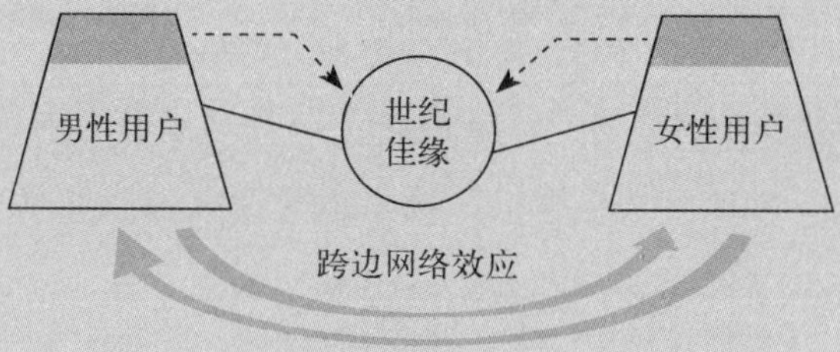

图 2–12　世纪佳缘的赢利架构

注：平台企业通过环环相扣的机制刺激双边群体对彼此的吸引力，引发高度跨边网络效应，再设置特定机制为付费关卡，得以赢利。因此虽然婚恋交友平台的双边群体是“男性用户”与“女性用户”，但它的补贴模式却使双方用户中一定比例的人们成为“付费方”。以真实需求为驱动力，无男女之分。

案例：Groupon团购网

我们再来看一个位于美国芝加哥的企业——团购平台Groupon。这家美国公司于2008年11月上线，短短一年半间便缔造了惊人的佳绩。相较于美国的微博始祖Twitter花了三年时间、社交平台龙头Facebook花两年时间达到10亿美元的市场估值，Groupon却只用了一年半的时间，近乎疯狂地获得了13.5亿美元的市场估值。[33]它在成立的第一年便实现赢利，收入为5 000万美元。[34]

奇迹般的现象引发了中国创业者大举跟风，团购网站如雨后春笋般相继出现，才不过几个月，三四百家效法Groupon模式的团购平台即开始充斥中国互联网市场，相当于每天有4个团购平台诞生。[35]几年内，团购领域甚至演变为"战国时代"，数千个团购平台相互竞争。然而，无论是中国的模仿者还是外国的竞争者，均无法与Groupon的惊人表现相媲美。Groupon究竟拥有什么样的秘诀，使其能够在众多团购网站中脱颖而出，并实现赢利呢？

Groupon的模式推翻了传统团购网站塞满了五花八门的商品的做法，只在各地区网站的首页里打出每日仅"一件"主要的折扣商品，成功达到了有效聚焦大众目光的目的。而在有限的时间之内，若点击购买Groupon当日商品的用户数量突破已设定好的最低门槛，该交易便成立。商家成功地售出了大批的产品与服务，而消费者则成功地以折扣价买到了心仪的产品与服务。反之，若人数未达到既定门槛，交易则不成立，这对商家而言可谓零损失。然而，与许多团购平台不同的是，Groupon给消费者的折扣比例极高——往往介于三至五折之间，有时甚至还会出现一折的情况。更神奇的是，给出如此不成比例的优惠后，Groupon竟然还能实现高度赢利！

通常，一笔团购交易成功，Groupon会向商家收取成交金额三到五成左右的佣金。这令许多企业竞争者感到不可思议；Groupon的消费者能享受超高额度的优惠，本已大大压低了商家本身的获利空间，而平台企业竟还要收取高额的佣金比例，这中间似乎有不合常理之处。商家通过这个渠道进行销售，真能获利吗？另一个疑惑是，其他的团购平台就算表面上复制了Groupon模式，却无法取得与其相同的赢利效果，问题究竟出在哪儿？Groupon又是如何实现这种难以置信的赢利模式的？

首先，我们必须了解，团购网站的“被补贴方”明显是消费者。借由人气的聚集，人们得以用远低于市价的优惠价格买到喜欢的产品或服务。因此，从表面看来，Groupon的核心服务对象似乎就是买方。至少，在团购模式刚崛起的那段时间，所有模仿者都是这么认为的。Groupon通过建立最低参与人数的规则机制，推动商家提供诱人的折扣，表面上似乎完全是为消费者谋福利，然而事实却并非如此。

Groupon真正的核心服务对象是商家。该平台所提供的价值，则是“精准定位的营销方案”。

Groupon不仅仅是人们印象中的商品展示平台。它拥有一支强大的线下团队，对每个城市、每个地区的消费者习性进行信息搜集，连续几个月加以追踪，并持续分析买方客户的行为与爱好演变。Groupon的话语权，在于它能给所有商家客户提供精确的消费者行为数据，协助其拟订营销方案。[36] 更重要却鲜为人知的是，Groupon培养了一支优秀的“创意团队”，专门为商家撰写营销文案，刊登在每日产品的页面上。这些成员多拥有新闻工作经验，且为专业的文字创意工作者。他们撰写的营销文案生动有趣，为产品注入了灵魂，并为商家背景带来了个性化的色彩。如此诙谐动人的文字无疑为当日的折扣活动引来了众多的注意力。[37]

因此我们可以说，该平台企业的核心竞争力在于，它有足够的条件说服商家进行一次“脑内革命”：商家必须将Groupon视为一个精准的营销媒体，增加顾客体验，而非仅是另一个卖掉产品的销售渠道。一旦商家思考的角度改变，一切都将变得不同。若仅把团购平台当成产品的分销渠道，商家必定会顾及成本，下意识地想争取高额利润空间；但若将此平台视为发布精准广告的途径，那么商家考虑的自然是体验性商品的“广告预算”。商家能够接受的利润亏损范围瞬间增大，而通过团购平台的营销预算又往往比其他营销渠道便宜许多。当然这一切的关键是，Groupon握有说服他们的筹码，也就是上述的“数据”和“创意团队”所打造出来的核心价值。

不难理解，这正是许多商家愿意以极低的利润将产品投入Groupon平台进行出售的原因，有些公司甚至不惜打出低于成本的团购价！这也是为什么当所有竞争者的平台都在为价格交涉头痛不已时，Groupon

能够为消费者争取到大幅度的折扣，同时还能将高比例的成交佣金纳入平台的收益当中。

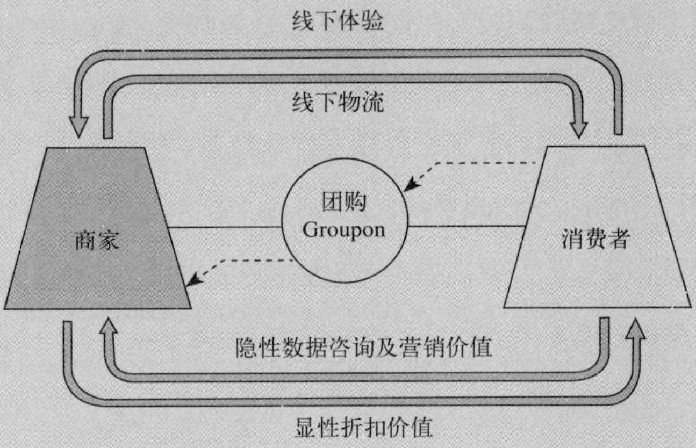

图 2–13　团购平台 Groupon 的赢利架构

注：Groupon 等团购平台为了满足消费者与商家的需求，为消费者提供高度折扣，为商家提供精准的营销价值。在线交易成功后，物流与人流体验则发生于线下。图中的虚线是金钱的流向，虽然商家是"付费方"（高度折扣＋交易佣金提成），但消费者必须先由线上下单，平台企业在取得分成后，再支付给商家。

实现这些优势的前提是，Groupon 具备掌控市场命脉的能力。除了拥有强有力的线下"探路"团队以外，平台生态圈的商业模式还能形成前所未有的用户规模，将市场的各种脉动直接传导到 Groupon 手中。

值得一提的是，Groupon 操控精准定位营销的手腕，也曾随着平台的发展而改进。Groupon 平台初创时，常会出现当天的交易项目未能突破最低人数门槛的尴尬情况。但现在，Groupon 通过顾客行为、地理文化等分析，施行具有针对性的营销方案，并协助不同商家在不同城市地区进行促销活动，已能够十拿九稳地促成 95% 的交易成功率。[38] 反观许多看似同质性的竞争者，却因拉拢不到商家，连达到每日更新不同产品这个最低门槛都有困难。

Goupon的成功为团购平台树立了良好的口碑，深获商家信赖，并依此为消费者谋取更多的折扣福利。它拥有竞争对手没有的选择，据说每10个希望加入Groupon生态圈的商家里，只会有一个入选。这是因为，Groupon非常重视服务产品与用户需求的契合度，以及商家本身的质量。所以，它能运用不断增长的消费者行为数据，向更多的优质企业推广自己平台的营销方案，达到良好的双边正向循环。

因此，平台企业赢利模式的第二大原则，就是必须通过数据的搜集分析，精确创造出多层级的价值。

有时，显性价值会为你带来用户流量，而隐性价值才是你真正的赢利方法。这也是当今的平台企业无不重视多边用户数据挖掘的原因。数据是商业行为背后不为人知的“藏金库”，能协助你有效操控双边（多边）群体，使一方酝酿出来的价值转变成对另一方的掌控权，为双方群体带来价值，促进生态圈的整体发展。

赢利模式的两大准则

一个平台企业的赢利模式可能随着生态圈的演变、竞争环境的改变而产生变化。同时，它也可能分散其途径，由多种渠道收费，达成赢利。但反观平台商业模式本身，有效的赢利方式通常具有下列两大原则：

1. 平台商业模式的根基来自于多边群体的互补需求所激发出来的网络效

应。因此，若要有效赢利，必须找到双方需求引力之间的“关键环节”，设置获利关卡。世纪佳缘网、起点中文网均是通过类似的方式，在网络效应达到高峰时予以阻拦，设立关卡后从中获利的。

2. 平台模式与传统企业运营模式的不同之处在于，它并非仅是直线性、单向价值链中的一个环节而已。平台企业是价值的整合者、多边群体的连接者，更是生态圈的主导者。也正因如此，它以通过挖掘多方数据来拟定多层级的价值主张，进而推动赢利。这里的关键是“数据开采”，也就是有效挖掘用户的行为数据。Groupon、世界佳缘、携程旅行网等电子商务平台，均是因有效进行双向数据挖掘而赢利的。

事实上，平台生态圈中各层面的机制与规则环环相扣，正是为了实现可持续性赢利的核心目的。本章开启了赢利模式的探讨，但此主题并不仅限于此；在之后章节中所举的各个案例，我们将接触到这些企业其他的赢利方式，以及平台企业如何通过不同的战略来实现赢利。

第三章

平台生态圈的成长

突破引爆点

到目前为止，我们已经了解了平台商业模式的基础架构，也见识到了许多平台企业如何凭借网络效应来引爆平台的成长。一旦平台企业成功地引发了网络效应，它所连接的多方群体将如洪流般倾注而入，使平台生态圈以数倍的规模膨胀。但历史上依然不乏因错误构建平台而失败的例子。例如，IBM（国际商用机器公司）曾经花了近 10 亿美元建立自己的个人电脑操作系统，然而最终却无法推翻已取得先机的微软视窗操作系统；东芝在高清 DVD（数字化视频光盘）对抗蓝光的规格之战中损失了 4.61 亿美元；美国线上拍卖龙头 eBay 在雅虎拍卖占领日本的电子商务产业后被迫退出日本市场。

所以，我们要思考一个所有平台企业都必须面临的最大挑战：平台生态圈在创始之初，究竟该如何引发网络效应并确保其持久性？而在平台企业连接了双边市场后，又该先发展哪一边群体？这是“先有鸡还是先有蛋”的难题。

平台企业在创建初期就必须了解，在用户面前塑造良好的愿景是非常重要的。一旦人们相信该平台生态圈将持续发展、壮大，“从众效应”就会发生。这是一种心理预期。否则人们不会愿意拿自己的时间、精力与金钱来冒险。有社会学学者用企鹅的行为来比喻“从众效应”：我们常在照片上看到一群企鹅站在冰崖边，虽然它们全都急于下海捕食，却没有任何一只企鹅愿意首当其冲先跳下海。原因是，企鹅们惧怕海中可能有更强大的捕食者。如果自己先跳，被鲸鱼或海豹吃掉的概率将非常大，因此它们宁可一起挤在崖边，伫立不动。然而，只要有第一只企鹅跳下，越来越多的企鹅便会跟着往下跳。它们或许感觉如此一来，自己被猎杀的概率将大幅下降。那些在后方的企鹅更因为怕捕捉不到食物而急于跟进（所以我们常在动物节目中看到，一有企鹅开始跳水，就出现整群企鹅相互推挤、东倒西歪落下海的情景）。

人类的行为也与此类似，他们彼此互相观望，害怕率先踏入生态圈里。平台企业必须运用一些手段，明确传达生态圈的发展前景，在正面的预期之下，这些期望发生自我应验的可能性就会增大，推动人们迅速进驻（想一想亲朋好友买股、买房的行为）。我们以“先有鸡还是先有蛋”与“企鹅行为”来比喻平台生态圈发展时必经的困境；然而这也代表着，一旦突破了这道初始困境，后续的网络效应将非常可观。

本书到目前为止已反复提到“网络效应”对于平台模式的重要性。那么现在，我们将进一步说明，若平台企业希望享受到网络效应的果实，有个关键的前提：生态圈里的用户必须已达到存活的最低“临界数量”。在平台模式中，“临界数量”意为平台吸引用户的规模达到一个特定的门槛，让平台生态圈能自行运转与维持。

但若平台能够推进使用者的加入，使其规模达到引爆点，那么，已经定居于生态圈里的使用者带来的加值效应将会自动吸引新的使用者进驻平台，促使生态圈有机地继续发展壮大。通常来说，平台企业实现大量赢利，也是在用户规模突破引爆点之后。

研究显示[①]，基于消费者对新推出的产品的采纳过程来分类，我们可以把他们大致归为 5 种群体。大体上来说，会有约 2.5%的一小群人勇于尝试，乐于在第一时间购买并试用新产品，这些人我们称之为“创新者”；第二群人我们将其称为“初期采纳者”，他们在评估购买新产品的风险后，仍有意愿在早期加入，这些人约占潜在市场人口的 13.5%。第二群人不像创新者那样，会不惜代价去尝试；他们虽然愿意走在大众潮流的前方，但仍具备风险意识，需要企业提供良好的诱因方能驱动。第三群人“早期多数人口”与第四群人“后期多数人口”各占 34%。他们加起来占潜在市场的近七成，是所有企业最希望捕捉到的广大群众，也是决定一种新产品能否成为主流的关键。最后是占 16%的第五群人——“落后者”，他们或许要等所有人采用新产品后，自己才会拖着脚步跟上，或者干脆不采用不熟悉的新产品。当一个新的平台企业首次出现在大众的眼前时，它所提供的价值同样可以被视为一种新产品，因此也将面临不同的群众接受度。上述的接纳过程我们将它画成曲线图，如图 3–1 所示。

若把新产品的市场接受过程转换成累积用户数量的增长维度（市场接受

---

① “创新散播理论”（Diffusion of Innovation）源于人们在面对新技术或新点子时的反应所呈现的钟形曲线。早期的相关议题研究者包括法国社会学家加布里埃尔 · 塔尔德（1890 年）等，以及之后的尼尔 · 格罗斯、布莱斯 · 瑞恩等人。乔 · 波伦、乔治 · 比尔、埃弗雷德 · 罗杰斯等人将其发展为社会学模型，而埃弗雷德 · 罗杰斯更是将其发表在他的著作《创新扩散》上。该钟形曲线与平台生态圈的用户市场发展性质相似，故在本书引用。

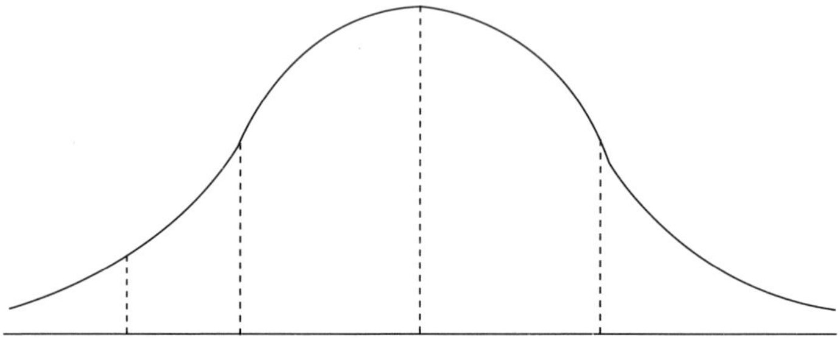

图 3–1　消费者对新产品的采纳意愿分布图

度份额），我们可以发现它呈现类似S形的曲线——初创时期愿意采纳的用户比例相对较低，成长较缓慢，但进入成长期时，用户数量会出现激烈攀升的状态，进入成熟期后又回到缓慢成长态势。在以网络效应为核心的平台模式里，用户加入某一平台的意愿，常为已有多少使用者在使用该平台所影响。例如，即时通信软件（如QQ）的用户，最关切的就是自己有多少亲朋好友在使用同款软件。

因此，我们以图 3–2 来显示平台用户市场成长时的生命周期。纵轴代表的是平台的实际用户数量（实际市场份额），而横轴代表的是在至少有多少使用者加入平台的情况下，他们才会愿意跟着进入平台，也就是最低意愿门槛（预期市场份额）。

图中的 45° 线表示当“实际市场份额”与“预期市场份额”相吻合时的分界线。S 形曲线则是一般平台生态圈用户规模的发展进程，它与 45° 线有三个交会点：X、Y、Z，分别代表三个市场份额的均衡状态。

平台的初创时期，是 S 形曲线在临界存活点X以左这一段。当大多数人

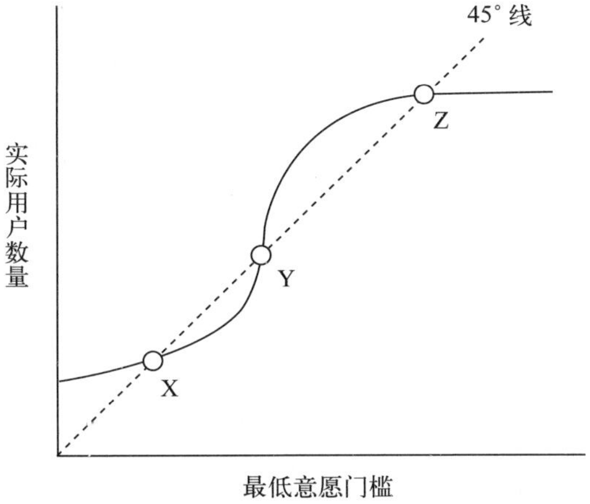

图 3–2 平台生态圈用户的加入意愿与实际用户数量的S形曲线

都对这一新兴平台持观望态度，不愿贸然投入时，只有一小群“创新者”愿意尝试该平台所提供的服务。他们可能是敢于尝试新技术的冒险者，也可能是了解平台与自己的密切相关性、认为自己能够立即获得回报的少数人群。如图所示，即使预期加入的人数是零，这些人依然愿意冒险尝试。

然而X点对平台企业来说，市场占有率实在太小，这时平台企业面临的挑战是将用户规模由X点推升至引爆点Y。这时，问题来了。如图所示，X点至Y点这一段曲线位于 45° 线的下方，换言之，实际用户数量将少于达到最低意愿门槛的潜在用户数量。

举个简单的例子。我认为周围的亲朋好友每 10 人中至少有 3 人（30%）已经拥有了iPhone 4S，我才想买一部iPhone 4S与他们进行视频通话，而目前iPhone 4S的市场占有率却只有 20%，令我觉得不实用也不着急买；同时我的朋友们可能也怀着同样的心思——我不急着买他们也不急着买，这种预期便逐渐成为事实，而iPhone 4S的市场占有率就永远无法突破引爆点——Y点。

在X点至Y点之间，参与的实际人数总是明显低于达到最低意愿门槛的人数，因此极难再吸引新成员加入。更严重的是，原先已进驻平台的人们可能因为预期的需求无法得到满足，在失望中选择退出。这将导致生态圈的发展停滞，甚至萎缩。我们可以说，X点与Y点之间正是网络效应的“真空地带”，也是令多数平台企业阵亡的瓶颈区。若无法推动用户数量至Y点，市场的实际用户数很可能将倒退至X点。

当平台的用户规模在S形曲线上终于上升至引爆点Y的右边时，实际参与的人数将开始超越新用户想加入的最低意愿门槛，这代表新用户将源源不断地踊跃入驻，直至推升平台的实际市场占有率至Z点才缓和下来 。Y点与Z点之间这一段，是网络效应的爆炸地带，也是平台生态圈成长最迅速的地带；企业无须花过多的钱争取用户，既有用户自行产生的网络效应就足以吸引更多人来加入。这正是电子交易平台淘宝网在进入市场的两年后，其交易总额的增长率就达到 700% 的原因，[39] 也是社交平台开心网的注册用户数会在 15 个月内激增 10 万倍的根源所在。[40] 进入平台的实际人数高速增长，就像病毒式的感染。

促进用户规模的持续扩大

如今我们已经知道，平台企业连接起多边市场后，补贴模式就是促使生态圈成长的核心战略，若实施得当则能快速促进用户规模的增长，往引爆点推进。然而如前所述，在平台的用户规模抵达引爆点之前，我们需要更多的策略性动作来推动生态圈的发展。

初创时期，平台企业必须先突破缺乏网络效应的真空地带，这样才能够切实挖掘出用户之间关系的增值潜能——这对以网络效应为核心的平台商业模式很具有讽刺性。然而它的确是每个平台企业都必须面临的最大难题。

而如何将生态圈的规模推至引爆点 Y，不同的平台企业、不同的产业均需要不同的方法。但总的来说有个大原则：由于平台初创时期的网络效应甚微，这段时间的发展策略必须侧重在给潜在用户提供其他的“非网络效应的价值”，平台企业才有可能引诱早期使用者进入。

平台企业可以为初次进入平台的消费者打些折扣，为其提供赠品甚至奖金，或者主动协助不熟悉平台服务的消费者完成他们的初次体验。以下我们举两个简单的例子：

携程旅行网在创建初期，对酒店、机票的供应商仅要求非常低的平台使用费（类似中介费用），并且将自己标榜为另类的销售渠道。我们都知道，机票属于有期限的商品，一旦航班启程，尚未售出的空位就等于浪费掉了，每个航班的既定成本也不能轻易进行调整。同样，酒店维护空房间的经营费用也属于既定沉没成本。因此，无论是机票还是酒店的供应商，都相当欢迎像携程旅行网这样一个额外的经销渠道来帮他们减少空位子、空房间。携程旅行网因此以低廉的使用费为诱因，降低进入平台的门槛，成功引来第一波客源。而价格优惠的机票、住宿产品立刻吸引众多消费者的到来。紧接着，这些消费者的规模不断增长，继而带动越来越多的供应商加入平台，达到正向循环。

以提供优惠券服务而为大家熟知的平台企业维络城则选择了众多具有地理优势的地点设置终端打印机。然而用户们必须先购买绑在手机上的一个小磁卡，在终端机进行扫描后才能打印出各商家的优惠券。发展初期，为了调动使用者的积极性，维络城在各地的打印终端机旁都挂着“公共”的手机吊饰磁卡供人使用，并有工作人员进行指导，帮消费者完成第一次扫描。[41] 这种“体验式”策略收到了良好的成效，许多消费者发现整个程序没有想象中的困难，因此愿意购买属于自己的小磁卡，成为平台的初始客户群。这些用户足以吸引更多的商家进驻维络城，而商家的剧增转而又吸引更多用户的到来，建立了良好的正向循环机制。

建立在免费、优惠、体验等条件上的策略都是吸引人们首次使用平台的好方法，即使在尚未引发网络效应的初期（即图 3–2 中的 Y 点左侧），这些举措也足以提供明确的非网络效应诱因，引导人们进一步了解你的平台生态圈究竟提供些什么样的服务。

追求质的提升

并非所有的平台企业都单纯视规模增长为发展的主轴。对于某些平台而言，客户群的质量比规模更加重要。盲目地追求数量的增长，很可能对生态圈的商业定位产生负面影响。我们甚至可以说，某些类型的平台商业模式，其核心就是建立在质量的发展之上。举个耳熟能详又明显的例子，购物商城本身便是运用了平台模式，通过收取入驻商家的费用来补贴逛街的潜在消费者。而上海的恒隆广场却将自己定位为高端购物商城，吸引许多奢侈品牌前来设立旗舰店，它所针对的主要客户群也与一般商城不同，恒隆广场希望吸引的是支付能力高的消费者，反而不希望拥挤的消费群降低了高端人群前来逛街的兴趣。

我们在先前“筑起用户过滤机制”一节中曾经提到，几乎所有的平台企业都能从过滤不良用户的机制中获益，以维护生态圈该有的信誉标准。而质量维度的主题，则将生态圈的进一步发展视为战略性选择。

首先，让我们来看看“知名用户”的概念在平台商业模式中所扮演的角色。

以知名用户巩固发展基础

“知名用户”顾名思义，是指已在大众脑海中有一定声望的用户或是使用频率高的用户，他们可以是个人，也可以是企业组织。连接双边市场的平台生态圈若能网罗到具有高度相关性的知名用户，其引发的网络效应能量将迅速而强大。

以维络城之类的折扣交易平台为例，商家群体的知名用户或许是餐饮业客流量大的国际连锁品牌，如肯德基、麦当劳等。对于开心网等社交平台来说，知名用户可能是设有私人账号的青少年偶像或演艺明星。他们的加入能够让整个生态圈的价值获得提升，使平台企业的品牌被肯定、质量得到认可。这些知名用户能够吸引更多的人慕名而来，大幅增强同边或跨边网络效应。

以下我们将以“微博”这个源于西方的平台模式为例，探讨其在来到中国以后是如何以适合中国文化的方式实现生态圈的成长的。

案例：微博

“微博”是微型博客的简称。它让用户能一次发布不超过140个字符的信息。这种微量的、小型的信息呈现方式，具有让人一目了然的优势。碎片般的精华信息，在这个信息爆炸的时代出乎意料地受到人们的喜爱，并让微博成为创建与整合信息的良好平台。

如果你是一位微博用户，你可以选择去“关注”任何数量的微博主，让他们所发表的微型信息即时出现在你眼前。人们通常会选择与自己的喜好有所关联的微博主，比如财经信息专家、房产专家，或是科技业的信息达人。通常这些人发布的信息都具有高度专业性，走在产业的前端。你可以随时为自己的微博增加想关注者的类别，也可以随时取消对某些人的关注。或许很多人尚未意识到，但微博所带来的改变是让个体用户依据个人品位，打造属于自己的信息媒介。这就像手中握着一份拥有丰富信息的报纸一样，只不过这份报纸仅提供你所关注的信息种类，并且无时无刻不在更新。

另一个让微博成功的原因就是，除了让用户可以自由创造与整合信息来源，它更允许人们在瞬间"复制"那些信息。只需要点击一个按钮，你就能让所有关注你的人看见某条信息，而他们也只需再次点击，便能瞬间让该信息传播得更广更远。信息的微型本质加上简易的转发机制，效果显而易见，信息像细胞分裂般迅速广泛传播。微博是一个具有网络增值性的产品，社会上阅读或发送微博的用户越多，现有用户的效用与价值将越大。

目前，在中国内地发展得较快的有新浪微博与腾讯微博（http://t.qq.com)，而台湾最风行的是"噗浪"(Plurk，www.plurk.com)，西方世界则以 Twitter（www.twitter.com）为代表。

要了解微博就不能忽略它的西方鼻祖Twitter，它是全球微型博客的开端。Twitter创始于 2006 年，它极大地发挥了上述的微博优势，以 140 个英文字符打造出新型的信息架构，并且大幅降低了信息传播的门槛，提升用户即时更新的动力。2008~2009 年是Twitter的全球引爆期。短短一年之间，它的用户群体已从 200 万飙升至 5 000 万。[42] 2010 年年初，Twitter用户每天传播5 000万条“推文”，一星期内有超过7亿次的相互分享。[43]到了2010年年底，Twitter的用户规模急速升至2亿人，它的市场估值也达37亿美元。[44]

2009年年末，“微博”这个概念漂洋过海来到中国，在某些意义上却带起一股另类的文化风潮。140个字符的限制，以英文打出来可能仅为几十个单词罢了，然而140个汉字字符能够涵盖的信息量却大上许多。也正因如此，这个原本以社交、沟通工具为主体的工具，在中国却赋予用户“个人式媒体”的影响力。[45]微博让每位用户都成为个人信息分享中心，使信息得到了病毒式的传播，完全解构了以往人们获取信息的方式。

让我们来看看下图。2009年11月，新浪微博在公测后仅66天的时间内便达到100万名注册用户的规模，而在不到半年的时间内，它的用户增长规模就突破了1 000万，又过了半年（也就是2010年10月），用户竟增至5 000万！[46]从另一个角度来看，在2010年年底的每一天，这些用户在新浪微博的平台上发布了日均2 500万条信息，这是非常惊人的信息量，等于每一秒钟就有289条信息诞生。

图中所示的成长趋势反映出我们已提到的S形曲线。新浪微博的发展明显已超过该有的临界数量，并且在2012年开始走缓。某些研究报告显示，若以用户数量为基准，新浪微博的市场份额在2010年曾占中国微博用户规模的54%；若以浏览时间计算，它更占据了高达八成以上的市场份额。[47]我们可以看到新浪微博以扶摇直上之势冲抵5 000万人的规模。然而这个数字代表着什么？

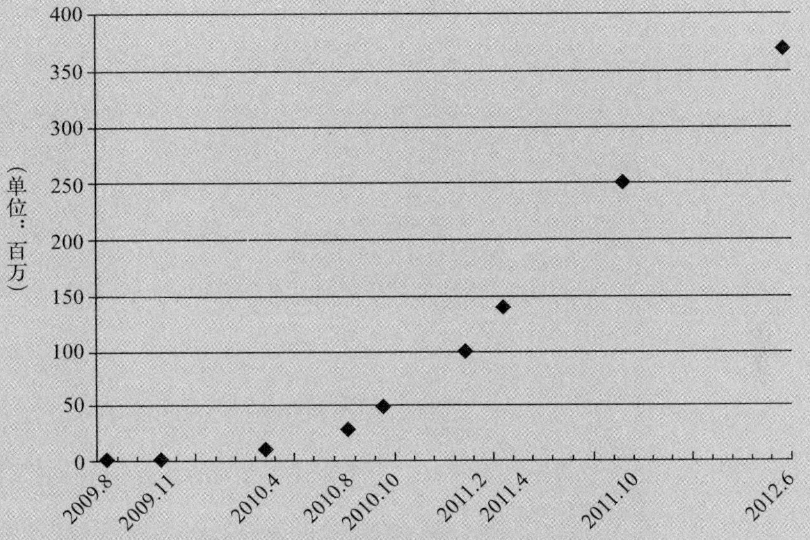

图 3–3　新浪微博用户注册数量

达到 5 000 万人的普及率，收音机经历了 38 年的时间，电视机经历了 13 年，就算是互联网也花了 4 年。而微博只用了 14 个月便捕捉到了这个用户量。[48] 紧接着，不到 8 个月的时间，也就是 2011 年 6 月底，新浪微博的注册用户数突破了两亿大关。[49]

微博在中国的爆炸式成长，除了普通用户群体间所产生的网络效应外，更重要的是这些国产微博开发出"知名用户"的概念。比如，新浪微博的平台赋予演艺名人、闻名的产业人士、作家、音乐家等拥有一定知名度的人们一种特殊的辨认标签——"名人堂"。除了个人用户外，企业、学校、媒体等组织也因为具有一定的知名度，同样能够申请成为知名用户。这些具有一定声望的个体或组织，向新浪微博提出“身份认证”申请后，只要被平台企业审核通过，便会在他们的微博名字后面加注闪亮的记号，表示其真实身份并非虚假。同时，新浪微博更提供“名人堂”、“风云榜”等虚拟广场，让用户可以搜索到他们想要关注的知名用户。

可以说，知名用户往往扮演着“意见领袖”的角色，他们在自己的专业领域拥有许多一手消息，因此吸引了有相关爱好的人们的关注，并借此发挥强大的影响力。许多港台明星、文化名人纷纷进驻微博的生态圈，与网民互动、分享信息，例如，在新浪微博上的台湾演艺名人蔡康永、小S，加入微博后不久便拥有500万左右的关注者。①这说明当他们在微博发表某条信息时，下一秒钟数百万人就能够看见；而这些人若再进行传播，该信息所接触到的人数必然可观。知名用户具有吸引大量粉丝前来探访的能力，因此他们所代表的网络效应不能与普通用户一概而论。

显然，知名用户策略在中国实行得非常成功，它不但在普通用户群中激起了粉丝效应，引发了更强大的网络效应，同时也提升了整个微博生态圈的质量可靠性。拥有知名用户越多的微博平台，其名声也越高。因此，运用知名用户可以说是新浪微博在中国短时间内崛起的关键因素；始于国外的Twitter自2006年创立以来，花了4年的时间才在全球发展了将近2亿用户，[50]而新浪微博成立不到两年，便吸引到了相同的用户规模。[51]

① 取自新浪微博2011年3月2日数据，蔡康永的粉丝数量超过4 900 000人，小S超过5 500 000人。

细分市场精耕细作

平台模式的精髓在于连接多方不同市场，让他们通过彼此来满足需求。就算是同领域的产品或服务，每位用户所需的细节也不一定相同，因此设立个性化机制会成为满足各方需求的重要环节。当平台在发展、成长时，必须随着生态圈的演进来打造适合其发展的细分框架，这样才能有效引导多边市场里的用户找到他们的真正所需。

这时，平台企业可以采取细分市场精耕细作的策略。目前流行的网络文学平台，如纵横中文网（www.zongheng.com）、起点中文网（www.qidian.com）、幻剑书盟（www.hjsm.net）等平台，均以文学创作的作品类型进行市场细分，让喜欢不同题材的读者能够与撰写不同题材的作者进行连接。

奇幻、武侠、科幻、历史、军事、言情、灵异——网络文学平台依题材类别为数十万部作品作了划分。这样的划分能让读者在海量的作品中，选取自己青睐的细分内容。比如，纵横中文网里的奇幻类别有个“分类热点小说”推荐表，吸引对此类文学有兴趣的读者直接点击它们，这也成了良好的营销手段。

若按传统的出版模式，仅由专业编辑决定什么样的故事、什么样的主题可以为市场所接受，并依此将所有出版资源投入在这些少数“精英”作品之上，这样会不可避免地出现两个问题：第一，未被出版社主观选出的作者，完全得不到支持；第二，读者也别无选择，只能接触到一小部分作品。然而，由少数人主观判断的结果，不一定就能够反映出市场的真正需求。我们甚至可以说，这种由少数人决定的方式会成为市场瓶颈。只有通过细分市场机制达到的供需配对，才可能有效满足各方需求。通过线上出版平台将作品进行细分，即使是再冷门的题材，也会有作者尝试撰写；同样，也会有读者尝试阅读甚至追捧。平台成为一个开放的媒介，将数以万计的作品进行分类，让所有读者都能迅速找到他们感兴趣的故事。所有类别的产品都将通过生态圈的双边连接，实现供需的配对。

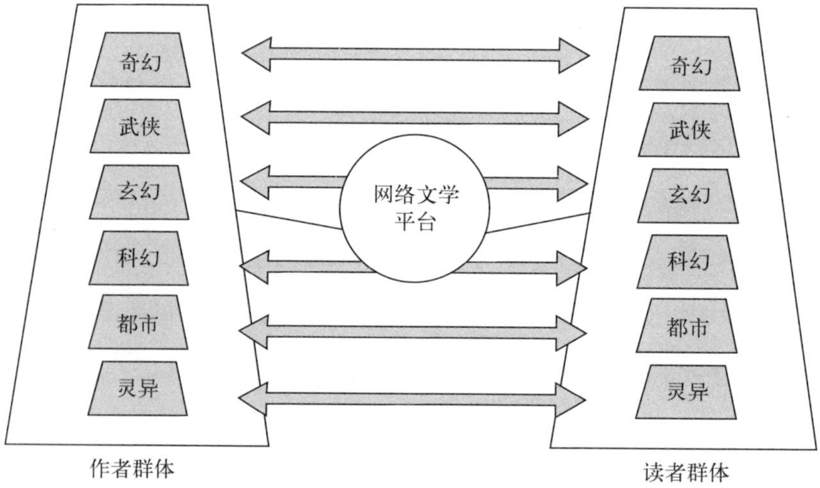

图 3–4　网络文学平台的细分市场状态

注：高度开放的生态圈会促使双边市场找到彼此的细分化需求，并各自进行有效配对。平台企业只需在生态圈内建构好完善的、有弹性的规则机制，市场需求的多元化将自动实现供需平衡。

当今的人们极端重视个性化，因此市场细分机制也变得格外重要。通过这样的体系，跨边网络效应将得到最完善的体现——不仅大众喜欢的项目能得到重视，其他项目也能找到属于自己的追随者。此外，同边网络效应也将得到提升，因为同类型的内容提供方（相同题材的作者）会凝聚成一股力量，推动彼此成长；而内容吸收方（读者）也能依此找到志趣相投的伙伴。如此一来，原本冷门的细分市场也可能变得热门。比如，某些同人小说[①]在中国的实体书市场上从未见光，却在纵横、起点等网络平台上吸引了许多读者。这就得益于让供给和需求进行双向互动，通过清晰的分类来促进它们同生共长。

让我们来看一个更极端的例子：维基百科。

维基百科（www.wikipedia.org）是全球当前规模最大的网络百科全书。它通过“众包”的概念，让任何人都能够在上面发表与编辑信息，且任何人都能够免费获取这些信息。维基百科是个非营利性平台，但它可谓是信息细分化的极致典范。维基百科目前拥有超过 1 800 万条以词汇作分类的页面，人们可以随时从上面找到想要的信息。同时，维基百科的信息还依语言进行归类，语言类型高达 279 种。以语言为信息分界并汇集相关信息，这本身就是一种划分市场的方式——将全世界的网民依据语言作出分类。

大多数的平台生态圈，多由平台企业本身去进行市场细分，依某些准则划出大区块，最大限度地去满足相关者的利益。然而身为信息的汇整体，维基百科可以说是细分系统最极端的状态：每一个词汇都可以被看成是一个

① 针对游戏、漫画、动画等已存在的故事人物或世界观，由粉丝撰写出来的衍生性文章。这些文章主要建立在粉丝自己的喜好和幻想之上，因此有时与原作会大相径庭。

"细分市场"，用户可自行搜寻想了解的任何词汇，并在一个词汇的相关页面中，搜出所有由公众集思广益而生成的精选信息。如果用户不满意现成的汇总信息，也可以自行添加。维基的用户在该页面里点击任何想要深入了解的词汇，便可以快速前往另一个词汇页面。这种交叉配对的方式为用户带来一种前所未有的信息整合模式，方便且效能强大。

我们必须提及，一个成长中的平台企业若没有打造出细分配对渠道的框架，很可能被新进的竞争者侵蚀掉当中某一部分的细分市场。我们将在"核心定位问题"一节中深入探讨这个与平台竞争高度相关的议题。

对于一个既定的生态圈而言，细分市场策略要取得成功，首先必须达到足够的规模。在规模还未达到某个水平之前，进行种类划分或许会造成反效果。严格说起来，一个健全而庞大的生态圈，本质上就该由众多的细分市场堆砌而成，让质与量相辅相成。

这正是开放的平台所能获取的优势：物以类聚，人以群分，以市场细分来活化生态圈的发展。在平台规模大幅增长的同时，设立精细的框架将为使用者提供精确的匹配机制，并依此筑起多元而丰富的多边互动。

累积双边话语权刺激成长

之前谈到平台模式初创时期，平台企业常面临“先有蛋还是先有鸡”的难题。当人们预期平台的用户数量不多的时候，大多会想等等看再进入。许多平台企业拥有激发跨边网络效应的潜能，但是当被连接的双边群体均选择观望时，生态圈很可能会发展不起来。平台企业因此面临十分尴尬的难题，到底该先诱导哪一边群体进来？同样道理，以单边网络效应为基础的平台，好比社交网络或即时通信工具，也常出现类似的情形，没人希望先成为“白老鼠”。到最后，在无人动作的情况下，平台生态圈完全停摆了。

为解决这一问题，首先我们必须了解，平台生态圈的健康成长必须依靠多边市场模式，因此在发展过程中，确实拥有传统线性价值链所缺乏的“战略灵活度”。平台企业能够自己决定在哪个过程中对哪方市场投注更多心力。而这其中的指针，便是判别哪方使用者拥有更多的话语权[①]。

---

① Bargaining Power，也可以称为交涉权、谈判权，或是议价权。

一个企业在协商、交涉过程中的影响力，取决于其话语权的多寡。平台商业模式中涉及协商、交涉的关系比单向传统产业链更为复杂。存在于平台生态圈里的对应关系至少分为两种：（1）各边群体彼此之间的交涉关系；（2）各边群体与平台企业的交涉关系。

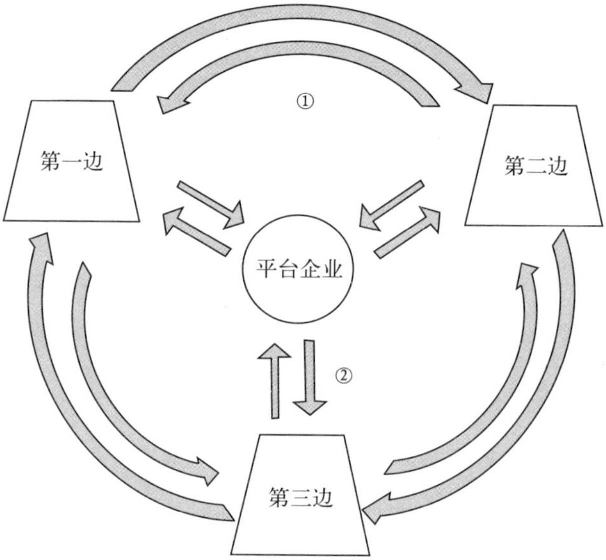

图 3–5　平台模式的话语权关系

①代表第一种协商交涉关系，它存在于各边群体之间，并未牵涉到平台企业本身。例如，在淘宝网的交易平台上，买方、卖方之间无时无刻都影响着彼此的价格接受意愿与购买频率（有时会因群体的规模或行为而影响对方，有时则是个体买卖双方直接进行交涉），平台企业仅须提供一个交涉场所，且负责建立起完善而中立的沟通机制、交易机制，接下来便放手让各群体自由互动。无论买卖双方最终的成交价格是否能反映出买方和卖方的权势差距，

其结果都不会侵占到平台自身的利益，这是平台企业的中立性优势。

②代表第二种协商交涉关系，它是平台企业与其所服务的各边群体所进行的博弈。身为生态圈建立者的平台企业需要与栖息在生态圈中的各边群体进行协商，甚至谈判利润分成准则、促销责任归属等。携程旅行网每时每刻都在与平台各边的连锁酒店、机票公司进行交涉；团购平台也必须培养销售团队，与商家进行分成方面的谈判。下面我们主要阐述平台本身的协商交涉关系。

平台话语权的建立

平台企业本身话语权的提升常取决于其能否使一方群体吸引到一定规模的另一方群体；能否为特定用户提供好的赢利机会，以鼓励用户参与。

这种话语权是慢慢累积的。一旦对一边群体的话语权加强，平台企业与另一边群体的交涉将更容易。于是，平台企业就像个天平，运用双边市场之间的关系，左边增加一点儿话语权、右边增加一点儿话语权，然后再左边、再右边，逐步发展起来。因此，率先评估平台企业所连接的多边市场的相对权限变得至关重要。只有这样，平台成长的战略发展步骤才能被有效地估量。

然而值得一提的是，有时某一边市场群体也可能出现“反扑”，希望对其所栖息的生态圈进行“改造”。

用户可能会想对平台企业产生实质影响（比如，逼迫平台企业降低进入的门槛费用，或是变动某些机制等），但先决条件是，该群体的规模必须足够庞大，因为在平台模式中，话语权的基础正是“规模”（当然也有少数例外，比如之前所提到的“知名用户”概念）。关键差别在于，一家传统企业往往面对的是个体厂商，但平台企业所面对的是群体， 甚至可能是规模无上限的群体。因此，若某市场群体希望与平台企业进行交涉，必须有足够的规模才可能表现出影响力，这是最基本的。

单边市场只有在达到足够的规模时，才可能要求平台企业调整生态圈的基础架构来满足它的期望。但有趣的是，往往在该群体达到一定规模时，也正是平台企业往下个发展阶段进行转型的时候了。该边群体的规模壮大不仅提升了自己与平台交涉的话语权，同时也提升了平台企业本身的话语权。因为现在，平台生态圈拥有了更耀眼的规模筹码去与“另一边”群体进行交涉。平台世界需要具备三方博弈的视角。

这正是平台模式最有趣的地方：无论其所连接的哪一方市场规模扩大，该方市场在提升自己的话语权时，同时也赐予了平台企业更多的话语权。因此聪明的平台企业左右手各掌控着一个市场，循序渐进地协助它们相互刺激，从中提升彼此的话语权，就像个天平一样，在左侧加了砝码后，为了达到平衡而在右边也加些重量，不断推进并达成平衡。在整个过程中，天平的总重量（也就是生态圈的总体价值）会不断上扬。举例来说，招聘平台前程无忧网提供免费的求职渠道，吸引求职者上传简历到该平台上。这样的补贴模式引发了求职者群体规模的大量增长，平台因此建立起庞大的求职者数据库。前程无忧网便以这些数据为其话语权，转向企业主收取费用。接着，当许多企业进驻平台后，前程无忧再度转向，朝庞大的求职者市场推广各式增值服务，让部分付费用户能有效地被企业注意到。

换言之，平台企业的本质，就是话语权的操控者通过巧妙掌控双边市场的互动，在推升双方势力的同时也提高了平台自身的价值。所以平台企业不要吝于协助一边的用户成长（如淘宝商城培育淘品牌商户）。

在发展过程中，平台企业若能准确地拿捏好各群体的增长趋势，引发网络效应并推波助澜，则能达到规模发展的正向循环。通过补贴策略让一边市场的规模增长，使其转变为平台的话语权，让另一边市场随之壮大，再反过来刺激第一边市场的继续成长，进入正向的急速循环。

案例：分众传媒

让我们来看看以三边模式一度成功开创中国新市场的案例：分众传媒。

分众传媒是创始于2003年的媒体平台，连接了“广告商”、“广告场所”、“广告受众”这三方群体。它以高收入群体的活动地点为目标，视人们在电梯中的空闲时间为商机，设立电视屏幕播放广告，强制性地让人们观看。2004年开始，分众便以商业写字楼为战略核心，沿着高端群体的生活轨迹将液晶电视植入各大商场、宾馆、机场及诸多娱乐场所。对于“广告商”而言，分众提供了比传统广告更具强迫性、更能准确定位受众层级的广告模式。对于楼宇、卖场等“广告场所”而言，分众所支付的定点租金则成为额外收入。高端式的电子视频也为这些场所增添了不少新颖的氛围，有助提升某些楼宇的形象。而对必须搭乘电梯的“广告受众”来说，分众传媒的广告视频恰巧让他们打发等待电梯的空闲时间；虽然是在特定空间内播放，可谓变相的强迫人们吸收信息，但因为他们确实没有其他事可做，潜意识里的接受意愿较高，这大大提升了广告的营销效益。

这种商业模式在国外已被许多企业尝试过，却屡告失败，然而在中国，分众传媒却取得了空前的成功。原因是，相较于西方的地广人稀，中国每幢楼房的出入人流既频繁又多量，能极大提升广告效果。甚至有消息指出，C2C电子商务龙头淘宝网在发展初期，就是使用了分众传媒的广告渠道才使其业务达到有效拓展的。[52]

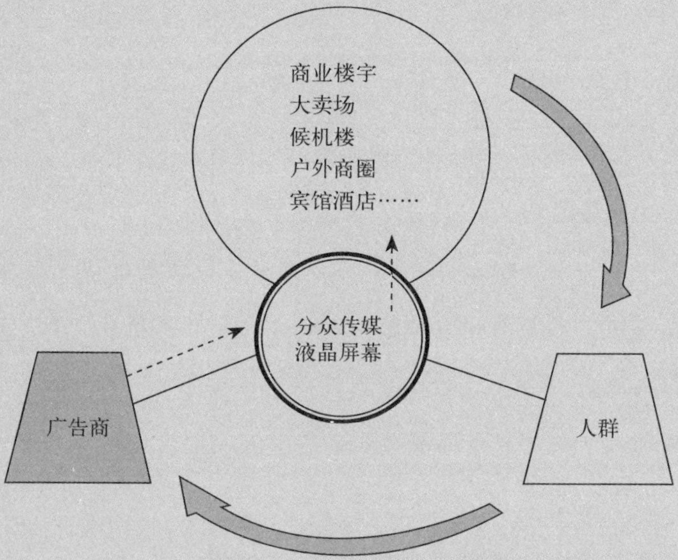

图 3–6　分众传媒的多边模式

注：积极圈地占据楼宇等广告场所，因此拥有了一定的客户群，再以此为话语权和广告商进行交涉，并同时与广告场所签定排他性条款。图中的虚线带表现金流，由广告商担任“付费方”，分众传媒再以租金形式与楼宇、卖场等广告场所共享利润。

分众传媒于2005年在美国纳斯达克上市成功，这得益于其取得的显著成就。截至2011年，分众传媒已覆盖百余座城市，拥有超过10万个终端场所，广告网络覆盖了超过两亿以上的都市主流消费人口。这个惊人的媒体网络平台更将触角延伸至台湾、香港、新加坡等华人地区，以及印度、越南、澳洲等地。[53]让我们来看看分众的发展历程，分析一下它是如何通过巧妙地运用不断积累的话语权，取得如此出众的成就的。

分众传媒在企业发展初期，就侧重于积极“圈地”，将大量写字楼纳入自己的版图内。原因之一是它与众多传统广告一样，无法完全精准地衡量有多少受众群体看到了广告，但要统计楼宇数量便简单多了，分众传媒恰是以此为拓展依据的。地理位置、人流趋势等信息都可以成为衡量该楼宇营销价值的基准。当分众传媒包揽了足够的楼宇，形成了足够的话语权，自然会有越来越多的广告商跟着加入。紧接着，广告商的成长带来了现金流，分众传媒得以租用更多楼宇、大卖场，持续把它们纳入生态圈之中。与此同时，这些场所的开发也代表着第三边市场群体“广告受众”的规模增长。因此，分众甚至愿意以高于竞争对手数倍的租金来拴牢楼宇，因为它知道，“广告场所”的规模是整个生态圈的核心。为了巩固“广告场所”赋予平台前所未有的话语权，广告商在面对分众传媒所开出的条件时，往往必须让步（当然，他们同时也相信分众传媒的营销能力）。紧接着，分众传媒以手中握有的庞大广告商名单为筹码，开出排他性条款（不能与竞争者的平台合作等条件），奠定和楼宇签约的基础。[54]

因为聪明地运用自己的话语权，分众传媒取得了空前的成就。就遍布楼宇、卖场等场所的液晶显示广告网络而言，分众传媒曾一度在中国独霸 90% 以上的市场份额。[55]之后，分众传媒占据了多样化的广告场所，包括高端百货商场、高尔夫球场、机场贵宾室、便利商店等，以庞大而多元的场地规模塑造出各种传播网络，迎合各类广告商的多元需求。

实施定价策略

我们已了解，补贴模式是平台商业模式的关键环节。向一方群体收取费用，补贴另一方群体，这是平台模式中一种惯用的定价策略。

许多平台企业提供的价值，并不是可以精确计算成本的硬件产品，而多为无形的服务。平台寻求解决方案，建起生态圈连接多方群体，让他们来满足彼此的需求。比如，成为打破产业现状的媒介，整合产业碎片的渠道，顺应着经济、社会、文化变革而诞生的服务，提供个性化分众需求的优势，给予大众自创信息的渠道，或将信息进行重组等。因此在许多状况下，平台企业的定价模式不能以传统观念的原料成本加上附加价值来定量。

对于许多平台企业而言，生态圈的初始建构成本是最高的，属于无法立即回收的沉没成本，而增加一名用户的边际成本反而相当低。就像社交网站在搭建的过程中，平台企业需付出高昂的沉没成本，但之后每多一位用户加入，它所增加的边际成本却趋近于零。

基于上述这些理由，许多平台企业只能以其所提供的服务价值为定价依据。然而，这么一来又出现一个困境，也就是价值的多寡时常取决于太多要素，根本难以计量。可想而知，要逐一列举出所有可能的平台定价方法非常困难。这里我们归纳出几项要素，均是每一个平台企业在研讨其定价策略时，都必须纳入考虑的重点①：

1. 对每一边群体的定价策略，都会对其他群体产生影响。
2. 平台生态圈的发展阶段。
3. 产业竞争格局。

定价一边，影响全局

传统企业在实行定价策略时，时常依不同客户的需求，推出一系列不同价格的产品。这种依需求而制定的多样价格，比起仅制定单一市场价格更能够为企业赚取盈余。这就好比飞机上的经济舱、商务舱、头等舱的区别，为不同层级的客户提供不同的产品定价。

然而，不同于传统策略将分级定价所赚取的盈余纳入企业自己的腰包之中，平台企业往往多了一层考虑：通过分级制的定价策略所赚取的盈余，有一部分必须回归到生态圈中或者让利给其他群体。[56]唯有如此，才能使平台连接的多边群体不断受到鼓励，增进彼此的发展。

这种多边市场的定价平衡是门艺术。在为某一边群体的某个服务项目定价时，平台企业必须考虑到价格对该群体付费意愿的影响，以及能够让利给

① 在“补贴模式”一节中，我们提到 5 个准则，以衡量哪边市场该受补贴。它们分别是价格弹性反应、成长时的边际成本、同边网络效应、多地栖息的可能性、现金流汇集的方便度。事实上，这五大准则都会影响平台企业的定价细节。

其他边群体的比例。不同边的群体对价格的敏感度也不同，而他们之间的交易或消费行为总是彼此牵动。因此，平台企业在制定价格的同时，也必须预测出新的定价方式将激起怎样的连环效应。

生态圈的发展阶段

现在我们知道，平台企业的发展进程大致可分为两个阶段：达到引爆点之前的网络效应真空期以及达到引爆点后用户规模扶摇直上的成熟期。

在平台企业初创期，补贴策略格外重要。这时定价策略的主轴是如何推动用户规模的增长，有时甚至必须以免费为诱因。但若能成功跨过临界数量的门槛，抵达成熟期，定价策略则必须有所转变——此时，更重要的是打造多样化的利润来源。若用户未达到一定规模，多样化、分众化的定价方式将难以行得通。

比如，淘宝网在营业初期，打着让买卖双方免费进驻生态圈的口号，几年之间便达到临界数量，霸占整个市场。然而在之后的转型期，淘宝网于2006年推出的收费机制"招财进宝"（一项让卖家购买关键词的竞价排名机制）却遭到用户抵制。上千位卖家联名反对，到最后甚至出现上万家店主联合"罢市"的情况。[57] 最后，"招财进宝"收费机制被迫停止。

淘宝网当时所面临的窘境，正反映出平台生态圈在发展阶段转型的困难度。其矛盾之处在于，平台企业在以免费或补贴策略冲抵临界数量后，该如何引导生态圈里的群体接受付费条款。

之后的几年，淘宝网通过观察其双边市场的反应，逐步衍生出人们能够接受的赢利模式。它成功分散了赢利渠道，以小额但多样化的付费增值服务慢慢建构起赢利基础。这些多元增值服务包括为店家提供定制内容的“淘宝旺铺”、以广告形式呈现的“淘宝直通车”，以及店家上架费、交易佣金等。[58] 多元定价策略成为淘宝网的经济命脉。可以说，在多元价格机制下，平台企业一方面可以在用户消费行为改变时随之调整定价策略，另一方面也能够消弭竞争对手前来抢夺利润。我们将在第五、第六章中再深入探讨这一问题。

产业竞争格局

可想而知，产业的竞争状况会影响一家平台企业的定价策略。最明显的例子就是，若竞争对手提供相同的服务，却以免费的方式推出时，你的价格必受打击。到时，平台企业必须选择也以免费或高度补贴的方式面对同一边市场群体，或是维持正常定价但面对客户流失的风险。这其中的关键，正在于平台企业的利润来源是多元的还是单一的。

更重要的是，一方市场是否具有“多地栖息”的现象，不仅影响平台企业对它的定价策略，也影响其对“另一边”群体的定价策略。比如，只有“被补贴方”的多地栖息现象成为常态之时，竞争者对利润来源的“付费方”展开的价格战，才会更具威胁性。

这些议题牵涉平台企业间的竞争，我们将在第五章另行探讨。

案例：信用卡

当竞争对手已顺利占据网络效应的优势后，新进平台企业要打破那股力量是相当困难的。许多新兴平台企业为了迅速进入市场，往往采取免费或高度补贴的策略。这里我们以信用卡为例，检视平台间定价策略差异所带来的影响。

目前国际通行的信用卡体系中，以维萨卡和万事达卡（Master Card）最为盛行。每当握有信用卡的消费者在商店购物时，信用卡中心会收取其消费金额中的某个比例作为手续费（即“商家费率”，英文为 Merchant Discount），扣除手续费之后的数字才是商家实际赚取的金额。在信用卡流行的美国，这道手续费平均约为交易金额的 1.9%。大致上而言，此手续费又被三个不同团体所拆分：收单银行，也就是协助商家处理信用卡交易的银行，抽取 0.1%；发卡银行，也就是消费者申请信用卡的银行，抽取约 1.7%；而信用卡体系本身，则大约抽取交易金额的 0.09%。[59]

可以看到，在平均 1.9% 的手续费里，发卡银行竟然占了 1.7%，

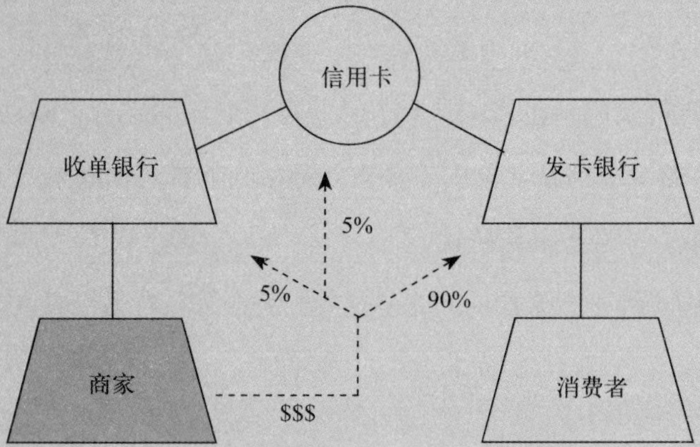

图 3–7　信用卡手续费系统

注：商家费率拆分给收单银行、发卡银行、信用卡体系三方团体。其中又以发卡银行赚取的比例最多。

这是将近九成的利润，远远高过收单银行与信用卡体系本身所收取的费用。在这看似极不平衡的拆分规则下，蕴含着信用卡生态体系得以壮大的定价逻辑。

在信用卡体系所连接的群体中，商家是“付费方”，消费者是“被补贴方”。让手持信用卡的消费者这一边群体先壮大，是整个生态体系茁壮成长的关键。因此，给予发卡银行足够的诱因——近九成的手续费用分成——显然是十分成功的定价策略。我们已看到，各大银行已将信用卡视为主力产品之一，积极推广给客户，而全球的信用卡体系也呈现迅猛增长的态势。你或许有过这样的经验：走进自己的发卡银行时，服务专员常会询问你是否想再办一张他们的信用卡，他们想方设法地推销发卡银行的信用卡。

定价策略能够直接决定产业不同环节的成长速度，而平台企业该做的，就是先拟定好哪边群体该优先成长，哪些该在其带动下随之成长。

朝多元定价发展

总的来说，平台企业定价策略的终极目标，便是多元化。

在演化的过程中，平台企业可将产品或服务进行切割、打包，提供一系列多元的价格选择给多边群体市场。交友平台世纪佳缘为客户提供各个等级的会员价，以及看信、聊天等多元服务，还依据客户的使用周期进行打包，让用户可以购买三个月至一年的使用权，协助那些需求各异的人们找到自己能够接受的价位。[60]

以网络游戏为例，许多大型多人在线游戏都通过贩卖不同功能的虚拟道具来赢利，但也有游戏依玩家的时间来收费，并提供不同的打包优惠方案。此外，也有游戏在呈现给玩家虚幻的世界时，对不同的地区进行不同定价，所以玩家若想进入新领域冒险时，就必须付出差异化费用。

平台生态圈体系每时每刻都在变动，多元定价策略可协助平台企业摸清市场的脉动，有效捕捉用户群，以实现成长。

拟定用户转化策略——引导用户四步骤

市场营销人员在制订营销计划时，往往会以消费者对产品（或服务）的四大反应步骤 ——察觉、关注、尝试、行动——制定出颇具针对性的策略。从初次发现产品的存在，到决定是否购买，一位消费者通常会经历四个决策期[①]。

首先，在“察觉”阶段，你必须让一位新的潜在客户意识到产品的存在。企业若能简明扼要地传达产品的核心价值，便有机会将客户推往第二阶段，也就是真正开始关注该产品。反之若第一阶段的营销失败，人们可能完全不会意识到市场上曾有过你的产品。

因此，只将产品曝光给潜在客户是不够的。第二个步骤必须激起他们对产品的兴趣，使其进入“关注”阶段。只有自身需求与产品价值契合的人才会愿意花时间了解产品的细节。此时，在这些潜在客户的心中，可能已经产生对产品跃跃欲试的想法。

---

① 关于消费者对产品的反应，不同的营销专家有不同的看法，有人提出三步环节，也有人提出五步环节。本书所使用的是察觉→关注 →尝试→行动四步环节。

这时候，如果提供试用版本或试用渠道，他们很可能就会欣然接受，即进入第三阶段“尝试”的步骤。若试用体验良好，再加上正确的营销推波助澜，他们将立即进入最终的“行动”阶段，即掏腰包购买产品或成为正式会员。当然，并非所有的营销方案都得依照这四个步骤的顺序来走，有时候不需先尝试，人们也有可能从感兴趣的阶段直接跳到行动购买阶段。

我们会发现，许多平台企业所使用的战略，就是为了在潜移默化的情况下让人们愿意进驻到平台生态圈之中（在这里，我们视平台为“产品”与“服务”的共同体，而客户愿意为了使用平台而付费，就是进入“行动”阶段）。在第二章，我们谈到平台企业如何通过机制的建立，捕捉网络效应吸引人们前来。在本节，我们将在此基础上深入剖析这个主题，了解平台企业在面对上述四个细分环节中的潜在用户时，是如何一步步激发他们使用平台的意愿，达到有效发展生态圈的目的的。

察觉

发展平台生态圈的第一步，无非是让潜在客户群意识到平台所提供的价值。广告当然是一种最直接的方式——以营销预算换取平台的曝光度。事实上，传统媒体一直是人们惯用的广告渠道，而随着科技的进步，社交网站、搜索引擎、团购网站等能精确定位受众的广告媒介，均转变为许多平台企业（尤其是互联网平台企业）提高知名度的有效渠道。

也有一些精巧的平台企业以硬件设备直接吸引人们的目光，比如分众传媒的液晶屏幕，或是维络城设置在购物商场显眼处的优惠券打印机。这些企业在目标受众时常出入的场所安装硬件设备，以吸引人们的目光。

关注

平台企业让人们察觉到自己的存在后，下一步便是引起当中部分群体的兴趣。而此群体正是企业的实际潜在客户，他们的需求与平台所提供的价值相吻合。在平台商业模式中，确实有方法能精确地过滤出这群人。

微博就拥有这样的机制。微博的生态圈里每天发布的信息数量高达数千万条，每一位用户自然只会对与本身需求或爱好有关联的人们感兴趣。对于有共鸣的微博人士，用户可以在其页面点击“关注”键，简单而迅速，从此以后这些人所发布的全部信息，都将被导入该用户的微博页面，让他们能即时获取自己关注的信息。

互联网上也出现了几种简易方便的小型工具软件，我们称之为“网络分享工具”。国外有“ Addthis.com”、“Sharethis.com”，中国则有“bShare”（www.bshare.cn）、“加网”（www.jiathis.com）等。它们提供一个小型网络按钮，任何网民都可将其加在自己的博客或网站里。如果有访客喜欢你网页的内容，只要轻轻点击该钮，就可以将你的内容物（无论是文章、图片，还是影片）直接连接到他们自己的社交平台上。这种网络分享工具的诞生实际上就是一种平台商业模式，是跨平台的平台企业。它连接各类信息或社交网络平台，以及有分享需求的人们。目前在中国，类似的工具组已覆盖了相当数量的博客网站、社交网站、微博、新闻站点等，并且其使用数量正以惊人的速度在持续增加。

尝试

在被曝光并获得关注后，多数平台企业都会为客人提供免费尝试的机会，希望人们在获得良好的体验后愿意付费购买平台的服务项目或产品。尤其在如今许多平台企业都面临同质性竞争的情况下，以免费体验吸引用户似乎已成为最基本的策略。

为客户提供免费尝试，可以通过许多种方式进行。第一种方式是时间差，比如，提供相关投资信息的平台能让客户免费试阅较旧的报告数据，但如果需要实时信息则需要付费；某些市场咨询公司发布产业报告时，会让人们免费阅读旧资料，但该年度的最新产业报告则须付费才能获取。

第二种方法是依专业度划分的。市面上许多应用软件都曾推出免费的试用版本，功能较为简化，缺乏全面的专业度，但依然可使用户了解到该软件的核心价值。电脑史上最成功的平台生态圈——微软所发行的视窗操作系统，每推出新一代界面，都会有类似“家庭版”、“专业版”，甚至是“家庭豪华版”、“企业版”、“全方位旗舰版”等多种版本，这就是依专业程度进行产品效能划分的例子。防毒软件也有类似的试用版本，让人们在体验后才购买全功能版本。

与此类似的是基于质量差异化的划分方法。许多视频平台免费让用户观看质量较差的影片，希望看高清版本则需要付费。许多国外的成人网站皆运用这种方式，先让客户尝到甜头，再将他们推向付费机制。

第三种，也是最常见的体验模式，就是先让潜在客户免费接触产品的一部分。如起点中文网上刊载的热门小说，开头好几章都是供读者免费阅读的。直到人们陷入故事里，欲罢不能，剩下来的所有章节均需付费方可阅读。

随着营销人员想象力的不断发展，诱导人们尝试平台服务的方式多种多样，比如先前提过的婚恋交友平台世纪佳缘，注册后只要遵循机制完成某些任务（比如输入个人资料），就能免费获得一次与异性交流的体验尝试。

行动

成功激起潜在客户的兴趣，并且以试用体验为诱因引导他们进入平台生态圈后，只差最后一步便能让他们采取付费行动。我们在谈到赢利模式时，曾提及几个有助于此步骤的大方向。然而引导人们进入到第四步—— 义无反顾地掏腰包——确实是最困难的一个步骤。因为付费这件事天生就是消费者心中的一股阻力。

为使消费者心甘情愿地采取行动付费，其中的关键之一就是“支付方式的便捷性与可靠度”。之前的步骤都仅是蕴蓄能量罢了，最终的付费步骤只需便捷，结果就能顺水推舟。在这关键的临门一脚，你不会希望消费者心中浮现任何一丝反对的声音，因为任何一点疑虑对第四步的杀伤力都是极大的；一旦他们因怀疑而重复考虑，通过先前三个步骤所积累起来的消费冲动将付诸东流。

一个具有可靠信誉的支付模式，能够避免消费者产生疑虑；一个方便迅速的支付模式，则能带着他们平稳完成消费体验。潜在客户最终是否会埋单，此步骤的顺畅是关键。这也是支付宝会在中国获得空前成功的原因。在互联网刚兴起的那个时代，网络交易充满了各种诈骗风险，而支付宝所提供的第三方托管担保模式完全消弭了交易双方所担忧的诚信问题。买家所汇出的款项会先保留在支付宝的账户中，等到卖家发完货，买家确认已收到货品，支付宝才会将款项转汇给卖家。

重新检视上述四大步骤，我们不难看出，每个平台企业都希望能够设置一连串的机制，在面临消费者的不同反应阶段时可以有效推动他们进驻生态圈、付费使用增值服务。但我们同时也发现，事实上某些平台企业的商业模式，本身就是建立在消费者四个反应阶段中的某一环的基础上的，并以此为核心价值主张。这种平台的功能，正是协助其他平台企业（或者非平台企业）达到四个环节当中某一阶段的营销目的。例如，社交网络平台拥有捕捉用户“察觉”阶段的优势，从某种角度而言是有效的品牌营销渠道；互联网分享工具所提供的小按钮，提供了“关注”的定位媒介；团购平台以极低的价格促使人们“尝试”平时不太可能购买的服务或产品；支付平台则有效推动了人们付费的“行动”步骤。下面让我们看一个经典案例。

案例：维络城

“维络城”（www.velo.com.cn）是个以硬件技术解决软性需求，在四个用户反应阶段均达到有效推动、成功转化客源的好例子。

在维络城出现以前，以发放优惠券为核心价值的平台企业已不在少数，比如大众点评网、口碑网等，均以餐饮方面的折扣起家。然而，这些平台企业逐渐发现，消费者的行为模式具有一定的随机性，尤其在饮食方面更是如此。往往人们在购物中心闲逛，到了用餐时间肚子饿了，看到附近哪家餐厅的菜单令人垂涎，便走了进去。因此就算早上出门前从家里打印了优惠券，也常因计划改变而未使用。传统优惠模式的问题就出在这里：电子优惠券无法反映出消费者的随机喜好，而消费者也无法在真实的户外环境中获取当地的相关优惠信息。这会使打印出来的优惠券效果欠佳，而真正需要的餐饮折扣又未拿在手上。

未将地理因素纳入考虑范围，就使优惠营销策略丧失了针对性；许多商家费尽心力发布折扣信息，实际回收的使用率却不超过2%。[61]

维络城的出现打破了这种窘境。它锁定各大购物商城里的人流汇集处，设置好几个比人还高的终端机。路过时，群众的目光自然被吸引，尤其当每个终端机前面的人们大排长龙时，一股跟风潮自然形成了。这是维络城“察觉”阶段的策略——事实上，这些高大的终端机就是优惠券的打印机。维络城的聪明之处在于，它限制每个终端机上仅提供约15个合作商户的优惠信息，而且必须是在半径2公里内的商户。[62]唯有如此，这些折扣信息才有地理针对性，能够即时迎合消费者的随机需求，将消费者带入“关注”阶段。终端机为消费者提供拥有地理优势的商家信息，加上许多消费者对该区域商家位置的熟悉，大幅度提升了优惠券的实际使用率。

在这里，我们先搁下维络城大胆的终端战略，将焦点转向这个平台企业的另一项核心要素：Velo卡（维络卡）。这是一种基于RFID（电子标签）的近距离无线通信技术，是可以随身携带的磁卡。维络城要求用户将Velo卡与手机绑定，成为用户的身份证明。而卡的样貌也做成手机吊饰的模样，便于携带又可爱。用户想要在终端机上打印优惠券时，必须先扫描自己的Velo卡。

然而给出手机等私人资料会使人特别小心，甚至不愿意。在初期发展阶段引起相当的关注度之后，维络城如何将潜在用户推向“尝试”阶段？答案是，维络城在许多便利店的终端机旁率先设置了公共Velo

卡，并让工作人员引导好奇的消费者完成第一次“打印体验”。这个策略明显是成功的。许多人开始尝试以20元左右的价格购买自己的Velo卡。2007~2008年间，维络城的正式用户数量已从30万人激增至100万人。[63]而在2010年，单是上海的用户群就已超过180万。[64]2011年年年初，维络城官网公布其会员总数已突破500万。[65]这些全都展现出该平台企业成功诱导人们进入“行动”阶段的效果。事实上，绑在手机上的吊饰磁卡，也兼具让用户“反复察觉”的功能，每时每刻都在提醒用户去使用维络城的平台服务。

同时，商家对维络城的反应也很热烈。2010年，各大购物中心、便利店，甚至是地铁站，都可以看到维络城终端机的身影。1 000多台终端机一年打印出约2 000万张优惠券 。由于每台终端机所展示的商家数量有限，而消费者会员的数量又不断激增，因此商家们愿意以更

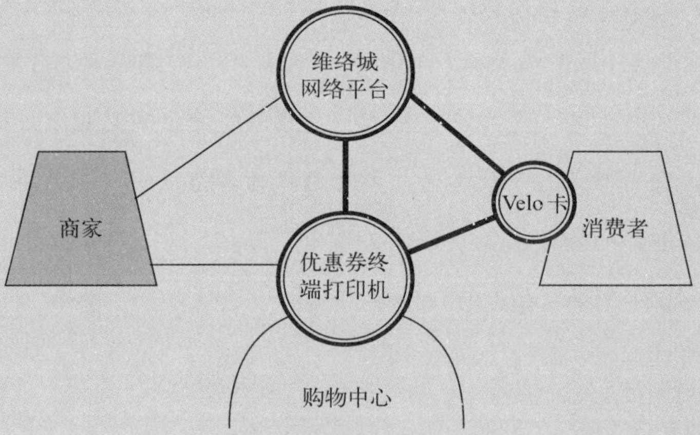

图3–8 维络城的生态圈架构

高的价格进驻到维络城，获取这些用户的关注度。商家在2007年进驻维络城终端机的费用为300~800元不等，但到了2008年后，进驻的价格已跃升至3 000~4 000元，涨幅近5倍。[66]若是连锁品牌，每月支付给维络城的费用可达10万~20万人民币。[67]

合作商家愿意接受这样的价位表明了维络城在精准营销方面的优势。Velo卡能够追踪用户的消费行为，积累强大的数据库，成为商家制定营销策略时的重要指标。维络城相当于一个结合了优惠、信息、营销等多重价值的平台生态圈。负向的同边网络效应（有限的商家曝光位置）与正向的跨边网络效应（消费者享受商家优惠），成为维络城赢利模式的基准点。

而消费者手中的Velo卡其实还有另一项功能。维络城不可能将所有签约的合作商户通通安置到终端机上同时进行曝光，但在维络城的互联网平台中，用户可以轻易浏览所有商家，只需通过简单的点击步骤，网站就会记录下自己的选择。等到用户来到某个设有维络城终端打印机的地方（无论是购物中心，或是便利店）使用属于自己的Velo卡在上面扫描一下，先前记录下来的折扣券就会被打印出来！[68]这就是记录个人需求的电子标签技术的优势，它成功地消除了互联网与实体世界之间的鸿沟，打造出了与人们生活轨迹息息相关的平台生态圈。事实上，维络城是个典型案例，让我们了解到平台商业模式的优势并非总是建立在互联网之上；许多时候，实物性的平台环节反而能够成为强大的竞争壁垒。

总之，维络城的整体商业模式与硬件配套，将四个营销步骤——察觉、关注、尝试、行动——拉得更加紧密。手机吊饰磁卡、终端打印机、互联网平台的相互配合，捕捉了消费者的需求爱好并诱导他们主动采取行动，这大大提升了餐饮商家营销策略的针对性，以及对用户实际消费比例的掌控。这些全都成为维络城的成长基础，并转化为该平台的赢利优势。然而，本节所探讨的四个用户反应阶段，仅是将“潜在客源”转化为“实际客户”的过程。一旦用户踏进了生态圈，平台企业必须拟定下一阶段的策略，也就是如何让用户留驻在生态圈之中，不轻易离去。

拟定用户绑定策略——提高转换成本

将用户绑定在平台生态圈中的关键，在于用户们“转换成本”的多寡。

所谓“转换成本”，意指当用户离开平台时（往往是加入竞争者的平台），用户所需要承担的损失。而诱发网络效应的种种机制条件，往往也是提升转换成本的最佳工具。原因就在于，阻止用户脱离平台最有效的方法之一，就是让他们与其他用户之间建立起深厚的关系。（关于其他的非转换成本，请见附录 1“用户黏性”。）

被视为平台生态圈中某个“边”的市场群体，大多具有开放性的特征。此群体的人们能够自由选择是否进入这个生态圈。尤其当平台企业需要大幅补贴某方用户时，防止他们任意流失的壁垒会显得更加重要，否则补贴策略产生的成本便付诸东流了；一旦转换平台过于简单，补贴模式很可能导致灾难。

留住生态圈的居民

转换成本以各种不同的形态出现，成为人们离开平台生态圈时的一股有效阻力。这些“成本”包括用户学习使用平台所投注的时间与精神成本，及养成习惯所需投入的精力；已花费在原平台上的沉没成本及转换到新平台所需支出的金额；转换平台造成的商机损失。

首先，人们会对现有平台投注时间与心力，如开心网的用户一般会花相当多的心思去上传照片、发表感想，以使自己逐步与社交圈融合。那些聊天的机制、发表文章的机制、表现自我观点的机制，全都促使开心网用户与生态圈中的其他居民更繁密地连接起来。当用户考虑转换到另一个社交平台时，目前所建立的一切都必须放弃，因此以往投注在原平台上的时间与心力，此刻变成阻止用户离去的一股力量。QQ即时通信软件的用户在改用MSN的同时，可能会失去QQ上所有朋友的联系方式，因此人们不愿这么做。

第二，在需要用户投资硬件设备的平台生态圈，通常用户在转换平台时，之前购买原硬件的沉没成本以及额外添购新硬件的投资都会成为转换意愿的阻碍。比如电子书，或电视游乐器PS3、Xbox360 等娱乐平台，人们拥有一款之后，估计短期内不会再花大钱购买类似的设备。

第三，转换平台造成的商机损失。淘宝上的商家，有些拥有荣誉商铺的身份地位——比如累积了1万笔优良交易的记录。这些良好的交易记录会切实地帮助他们获得更多的买方客源。若转移平台，他们会因此失去这些让买家安心的荣誉地位。

而增加上述这些转换成本，则能够提升锁定用户的概率，使他们无法轻易离开生态圈。

以之前探讨过的维络城为例，维络城早在构建生态圈初期就已将用户绑定策略纳入考虑范畴。维络城发行给用户手持的Velo卡，除了具备提醒关注和诱导行动的功能外，也成为用户绑定策略的重要因素。

若要享用维络城平台的服务，用户必须花20元人民币购买Velo卡，并且通过一道将磁卡与手机账号连接起来的程序，方能使用。对于用户而言，20元的初始成本看似不高，只要使用几次维络城提供的优惠券便赚回来了。然而，就是因为多了这道花费与手续，用户才不会轻易跳槽到类似的竞争平台里，因为从心理层面而言，人们不会希望重复经历麻烦的步骤来获取类似的益处。身为市场的先发者，维络城具备了这样的远见。它愿意在最初设置这样一道门槛，就算因此过滤掉一部分嫌麻烦的潜在用户，也能够确保进入生态圈中的人们更牢固地被绑定，避免了人流大规模进入、大规模流出的问题。可以说，Velo卡也同时具有“用户过滤机制”的功效，以满足愿意频繁使用优惠券的消费者的需要。

一张小小的芯片不但拥有追踪消费习惯的功能，还能够深度挖掘用户数据。这样的战术让维络城的用户数据拥有无可比拟的价值，对于商家来说有很强的吸引力。比起单单提供线上优惠券的平台企业，维络城更具精准营销的优势。

然而，在研究维络城的过程中，我们还发现了一个有趣的现象。商家除了租用终端打印机的曝光位置必须缴纳一些费用外，离开维络城的转换成本其实非常低，而且多地栖息的可能性相当高（例如，维络城的商家也在大众点评网上登广告），许多餐饮商户都曾同时在数个折扣平台上栖息过。也正因如此，消费者时常能在不同的竞争平台上看到同一餐饮品牌。在消费者的印象中，各个优惠券平台提供的商家类别其实都差不多，所以他们根本不需要同时成为两种平台的会员。

塑造归属感绑定用户

由于服务的市场群体和商业模式不同，平台企业用以提高用户转换成本的策略也存在相当大的差异。诱导人们购买平台设备、以机制吸引人们投注时间、提供诱因让人们进驻生态圈…… 这些仅是其中的几种方式。最有效的让用户留驻于平台的方法，其实是让用户在平台生态圈中建立起“自己所重视的身份”。

在“赋予用户归属感”一节中，我们谈到平台企业如何通过多重机制的创建，打造出一个良好的体系，使用户与生态圈共同成长。平台生态圈是个聚集多方群体的场所，建构多元、优良的交流系统，能够让各边群体成为绑定彼此的力量。而赋予人们权利与选择，是塑造归属感的基础。人只有在意识到自己对身处的环境能够发挥影响力，才可能对该环境产生依附感。壁垒在无形间被筑起，人们不会轻易离开自己有感情依归的地方。

我们常听到这样的事情：有些年轻人在接触网络游戏后无法自拔，宁可牺牲吃饭睡觉的时间也不愿离开虚拟世界。“网游”（在线游戏的简称）在过去10年来惊人的崛起，让我们见识到了平台企业成功打造用户锁定效应的能力。

案例：大型多人在线角色扮演游戏

在亚洲，线上游戏在韩国率先兴起，2000年时就已达到850亿韩元的产值（近5亿人民币），这样的成绩甚至超越了韩国的汽车产业。

然而，网游在当时的中国几乎没有任何市场。许多中国企业嗅到这块诱人的“饼”，纷纷投入心力去开发，终于拉动网游在中国的爆炸式成长。以网易的“大话西游Online”、盛大代理的“传奇2”等游戏为领军，短短一年间，网游市场总销售额就飞涨至10亿；2003年，网游市场的销售额持续增长到28亿。[69]直到2009年，中国网游的规模已达250亿人民币，若将其带动的电信、信息、传统出版等相关产业版图也算进去，产值将高达555亿元！而网游用户的规模，也在2010年突破6 000万人，其中付费用户达到3 700万人。[70]

在所有形态的网络游戏中，中国过去几年以MMORPG①为主流代表，网游一直保持着80%以上的市场份额。所谓的MMORPG，正是名副其实的虚拟生态圈②。玩家控制一个虚拟角色畅游于网游的世界中，在精美的画面、怡人的音乐伴随下，打倒妖魔鬼怪、完成各种任务行动。一项关于中国网游的调研报告显示，有超过六成的调研用户每天平均花在网游上的时间是3小时以上；尤其是介于19~25岁之间的年轻人，近三成的用户每天玩网游超过8个小时！[71]

很明显，线上游戏的魔力绝非空穴来风。制作团队除了研发出漂亮的画面、精彩的动作，更重要的是如何将用户神不知鬼不觉地绑定在游戏的生态圈里。系统化的机制被融入游戏之中，一点一滴地催生

---

① 大型多人在线游戏，全文为Massively Multiplayer Online Role Playing Game。

② MMORPG网游生态圈纳入的玩家用户属于单一群体，但依然可以用双边补贴模式进行诠释，将“付费方”定义为“粉丝”级的付费玩家，而“被补贴方”则是免费使用游戏的多数基层玩家。

出玩家对虚拟世界的归属感。他们能够通过等级的升高或是虚拟财富的积累，成为游戏中的达人，受到其他玩家的青睐与敬重，甚至在虚拟战场上受人依赖。多元的机制体系赋予愿意投资时间或金钱的玩家们权限，令他们得以领取别人没有的宝物，或是获得社群中响亮的头衔。最重要的一环，也是许多MMOPRG的开发商们精心打造出来的游戏规则：某些关卡设有门槛，规定玩家们必须组成既定人数的小队，彼此帮助才能共同完成这些任务。这是运用了网络效应的机制，也是无形中从心理层面绑定用户的机制。在刺激而富有挑战的游戏过程中，玩家们相互结识，成为好友，建立起属于自己的社群，有时还可能与异性玩家谈恋爱！（某些网络游戏甚至设计出虚拟的结婚场所，供游戏情人步入礼堂！）

就是这些诱人的特性，让用户深陷游戏生态圈之中。他们投注的时间与精神（许多时候还有金钱）换来了无可替代的归属感。而这股归属感，也成为无形却有力的转换成本，锁住玩家们，使他们不会经易离开。

我们先看看大型多人网游的收费模式。在2005年之前，这类游戏多按时间收费。玩家需要购买时间点卡，几乎所有人都付费玩游戏，而玩的时间与花费的金钱成正比。2005年之后，网游收费模式演进成为依照购买道具或增值项目为利润依据的付费模式。这时，许多玩家可以免费进入零门槛的游戏生态圈，但若希望自己的角色拥有比别人强大的道具宝物，则需要付费。这种“免费游玩”加“付费增值”的模式，使得时间与金钱均成为投资单位；玩家投入得越多，越无法自拔。网游生态圈成为绑定用户的最好典范。

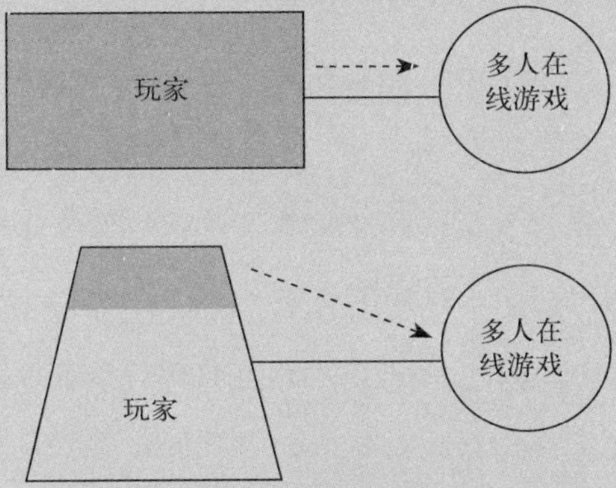

图 3–9　多人在线游戏的模式改变

注：上图为早期的网游模式，由所有玩家依时间付费。下图为 2005 年之后的模式，“免费”进入游戏的零门槛策略让许多玩家甘愿投入“时间”，而财力允许的玩家可以选择投入“金钱”，让自己的游戏角色拥有别人无法享有的宝物并增强能力。双管齐下的策略使时间和金钱成为玩家的投资单位，促进了绑定效应。

身为中国网游龙头之一的盛大游戏，其MMORPG的总收入从2004年的近10亿，加倍增长至2007年的20亿，一年后已近30亿，① 而MMOPRG的游戏总值就占八成多。盛大当年的净利则为12.48亿[72]。通过绑定狂热的玩家群体，网游生态圈的赢利能力清晰可见。

值得一提的是，调查显示，玩家若选择离开某款网络游戏的原因，排名最高的是“游戏安全问题”。玩家们害怕某款网络游戏账号易受盗

---

① 根据盛大公开的财务报表，2008 年MMORPG的实际收入为 2 982 335 000 元人民币，占总收入的 83.6%。

用，让先前的努力完全付诸东流。而“收费太高”或“新游戏吸引”等因素，反而排在离去原因的第五、六位。[73]很明显，安全风险能够直接冲击玩家在游戏中千辛万苦所建立起来的身份，代表的是对归属感的侵蚀。若游戏平台的运营商在这方面拥有良好的信誉，用户转换平台的概率会小上许多。

除了网络游戏以外，以社交关系为基础的世纪佳缘、开心网、微博，甚至像淘宝网、京东商城等交易平台，抑或是以地图加点评为核心的丁丁网（www.ddmap.com），均设有特殊的归属感建立机制，皆欲塑造出用户锁定效应。有兴趣的读者不妨亲自试用一下，说不定会欲罢不能。

小结：用户绑定

用户绑定策略可以通过众多形式来实现，不同的平台模式有属于自己的方法，其中包括硬件设备的投资、消耗的时间与精神、长期养成的习惯、有法律依据的契约、累积的人际关系、切身感受的情感等，全都可能成为留住用户的理由。也正是这些原因，使得协助用户在生态圈中建立起真实的归属感成为最有效的壁垒，并在用户的潜意识中形成了巨大的转换成本。平台企业不仅应在生态圈的初创时期注意这些问题，在快速发展的过程中也应随时调整策略，让战略与规模的增长同行。平台企业应在不断吸引新用户进驻的同时，也不忘给予既有用户拒绝离去的理由。

附录 3-1　用户黏性

提到用户转换策略时，我们往往将目光聚焦在有形或无形的转换成本之上，这是因为对于许多平台企业来说，转换成本是相当重要的壁垒。然而，并非所有平台企业的商业模式都需要筑起转换成本来留住用户。事实上，有些平台不需要用户常驻在生态圈之中，甚至连注册也不用。比如以百度、谷歌为首的搜索引擎，它们并不需要协助用户建立起硬性的归属感，也不需要筑起防范用户使用竞争对手产品的“高墙”。

在这里，让我们回过头来检视“用户黏性”的本质。

在诸多探讨企业表现的文章里，我们时常会看到“黏性”一词，它代表用户愿意拥护企业产品的程度。用户黏性大致可以分为两种：本节之前提到以转换成本为核心的绑定策略仅是其一，另一类黏性则建立在用户对其功能或品牌的信心之上。这类黏性，会让用户在不考虑转换成本的前提下，依然选择使用该平台的服务。

我们来看一个有趣的现象：分类广告平台同城网（www.58.com）提供“内容发表方”和“需求方”这样一个彼此联系的场所。通过城市分类、社区分类将用户细分后，人们能够迅速找到关于当地房产、招聘、二手交易、征婚交友等信息，并且相互帮助。然而，这种分类广告平台有个特质，即用户仅会因为“某个时期的需求”而到来，希望迅速得到解决方案；待需求解决后，可能好久都不会再去拜访该平台。这使平台无法有效地将用户绑定，也无法塑造像社交网站、门户网站等强大的生态圈。那么，同城网是否因为无法绑定用户而注定失败呢？

结果完全相反，它的注册会员从2008年的300万飙升至2009年的1 000万。[74] 当时，同城网的用户以每日5万名的速度增加，每日发帖量高达30万，日均访问量突破2 800万。[75] 到了2010年，同城网依然以超过20%的市场份额位居全国第一位。[76]

我们所看到的，是一种以高速周转所酝酿而成的黏性。即使缺乏绑定用户的壁垒，它依然能够实现规模激增与品牌信誉。也就是说，对于本质上不需要依赖绑定策略的平台生态圈而言，“高度的便捷性”是关键。人们循口碑而来，希望立即达成目的，并在需求满足之后悄然离开。搜索引擎有类似的特质，百度的用户规模在2005年以后成功达到临界数量，并且长时间享有市场口碑，直到2010年年底，它的市场份额还创下新高，为83.6%。[77]

而线下第三方支付体系拉卡拉也呈现类似的效果，用户可以在任何设有拉卡拉机器的地方通过借记卡来缴付多种款项，包括信用卡还款、手机充值、水电气缴费等与日常生活密切相关的活动，不到一分钟即可完成，而且免手续费。[78、79] 拉卡拉的价值在于，用户不需要办理在线支付平台所要求的复杂注册手续，也不需要到银行大排长龙。其使用步骤既迅速又便捷。因此，就算没有将转换成本加至使用者身上，人们还是时常重访拉卡拉的终端付费机，使用其服务（下一章将提到的家用型拉卡拉终端机则是个特例，是该平台的战略转型）。

然而必须铭记的是，若平台企业的本质较适合以非转换成本来增加用户黏性，那么回过头来说，在制定补贴策略的初期就必须格外谨慎，因为强力的补贴反而可能对平台产生负面效果。前面章节所提到企业会为了刺激一边用户的成长而实行强烈的补贴策略，仅靠另一边市场付费的策略在此类平台企业中的风险极高，且往往以失败告终。以同城网为例，此类平台企业以用户的高度流动性为发展主轴，也以其为黏性和口碑的基础，因此建议其不能以高单位成本制定补贴策略。否则，投资在每位用户身上的补贴成本也极难回收。

最后，我们必须再强调一次，多数平台企业的商业模式均需要这两种黏性策略同时进行，达到价值最大化，才可能在吸引新进用户的同时也保留住既有用户。

用户黏性	转换成本	绑定策略	归属感 硬件设备 时间、金钱投注 感情、精力投注 契约协议 社交人脉
	非转换成本	高度周转策略	品牌口碑 使用速度 使用方便性 使用效果

第四章

平台生态圈的创新思路

以“时间”为平台内核模式

“时间”有时在平台战略中扮演着关键角色。近几年流行的真人选秀节目，就是以精心设计的时间轴来推动其演进的。中国的“快乐女声”以及“中国达人秀”，北美的“美国偶像”等均依循既定时间轴，通过多重淘汰来增进节目效果。这类模式必须拥有非常严谨的时间轴，所有发展进程的时间表都已精确拟定。从初步的淘汰赛，到让入选的竞争者们通过特定规则争夺晋升的机会，以至最终的冠亚军争夺赛的高潮，全都经过了严密策划。在既定的时间内，诸多真实参赛者相互竞争，戏剧效果十足。再加上媒体的炒作，短时间内收视率会暴增。例如，台湾地区第一届“超级星光大道”，始播时的收视率约为0.8%，到了总决赛时收视率已飙升至8.77%，增长了10倍多。而内地放映的“中国达人秀”也打破了收视率纪录，在上海创下20.46%的惊人数字，总决赛更在上海八万人体育馆展开，以前所未见的规模让大众亲眼见证冠军的诞生。[80]

该平台连接了想要成名的人们和充满好奇心的观众这两群人。它的特点是将表演者与观众均视为“被补贴方”：拥有演艺天赋、希望成名的人们获得了大展才能的机会，而电视机前的观众也不须花成本便能得到快乐。那么在这种模式里，谁是“付费方”呢？

首先，以有限时间的竞争为卖点，抬升收视率后，得以收取的广告费用比以往更加惊人。广告商是“付费方”之一，同时也是这类平台活动能够吸引的第三方群体。但另一个更重要的概念，则是建立于“未来”之上的赢利模式。以时间压缩出来的激情氛围，能在以后转化为产业的利润主干。主办单位、唱片公司等合作方为有意脱颖而出的新人进行包装，推出专辑或代言项目。此时，当初的观众粉丝之中，有一部分人将会成功转变为“付费方”，愿意掏腰包购买这些新星的唱片与代言商品。若经营得当，粉丝的比例会持续增加(即使选拔比赛已结束许久)，而其转化为“付费方”的比率也将同比成长。

这是个相当有趣的现象：以时间为主轴、以比赛为核心的平台模式，多是补贴“现在”，让“未来”付费。

除此之外，公开比赛的模式还有个特点。传统的内容产业链自始至终多是依照直线惯性的三步骤程序来进行的——先发掘源头，接下来制作，然后营销。以演艺人员的成名过程为例，传统的方法是由经纪公司或唱片公司发掘他们认为有潜力的新星，第二步则为他们制作CD（光盘）专辑或节目，第三步才是通过大量的营销预算去吸引人们的关注。然而通过限时段比赛的平台模式，这一线性概念得到了另一种呈现：明日之星的发掘与营销同时发生，原本位于中间的唱片制作环节，被推向了未来。这是由于参赛者们在激烈竞争、相互淘汰的同时，观众的关注度也将正向提升。随着系统淘汰掉越来越多的人、留下越来越少的实力与魅力兼具的参赛者，比赛越趋于白热化，观众通过口耳相传、网上讨论，使这种模式的营销效力如虎添翼。而我们看到，那些为胜出者量身定作的音乐专辑，则日后才会发行。不仅选秀节目如此，许多与创意有关的企业也开始运用类似的平台商业模式，达到惊人效果。下面，让我们看看北美洲的一个非传统设计公司是如何将时效性活动融入平台模式，获得巨大成功的。

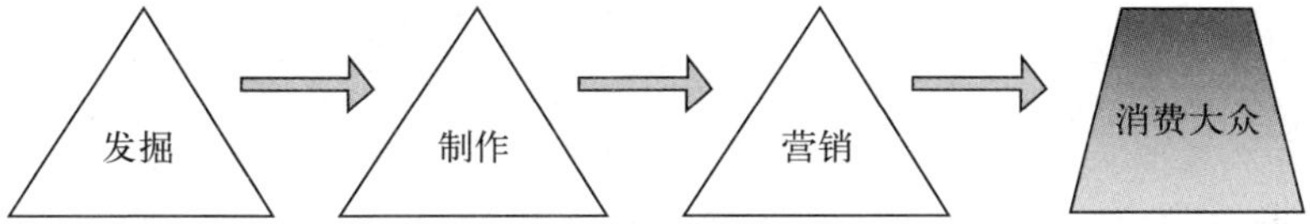

图 4–1 旧式新星推广模式

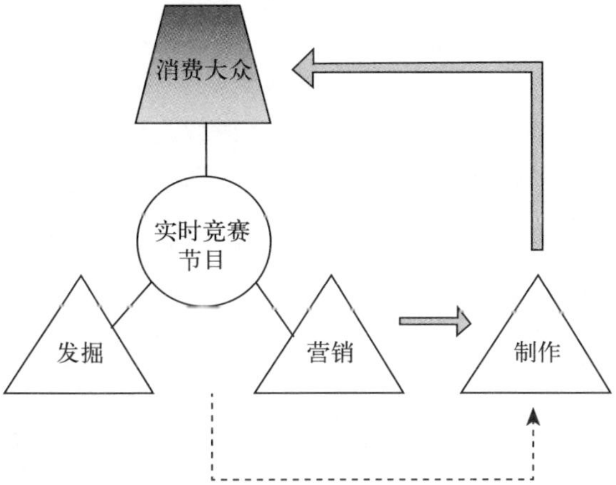

图 4–2 以时间轴为核心的新星推广平台模式

案例：无线T恤公司

无线T恤公司（www.threadless.com）是2000年创立于美国芝加哥的T恤衫设计公司。然而，不同于普通的服饰设计公司，它的商业模式极富创意——无线T恤公司将设计的源头外包给所有愿意尝试的人。

该企业建立起平台，以丰厚的奖金吸引设计师投稿。每周都吸引了上千件来自艺术家、学生、业余或职业设计师，以及任何有兴趣尝试的人的作品。这些作品被发布在网上，供人们投票，而高票当选的设计图示则会被印制成真正的T恤衫进行贩卖。许多参与投票的人们自然喜欢那些设计风格，因此愿意掏腰包。他们认为这些稀量贩卖的T恤，才能够反映出真实的个性化宣言。而每一周的设计赢家，则最高能获得2 000美元的奖金。[81]

值得一提的是，无线T恤公司只会在订单量达到一个门槛后才投入制作，这大大降低了亏损的风险，也保证了每一批印制的衣服全都销售一空。2007年，无线T恤公司的利润已达2 300万美元。[82]

这是拥有循环式周期的平台模式，一边连接着勇于尝试的职业与业余创作者，另一边吸引着所有有兴趣投票给这些创意图示的人。创作者有机会获得高额奖金，享受作品受到的赞誉；投票者则以鉴赏者的身份自居，直接发挥他们的影响力。在比赛时期，双方均是“被补贴方”。而在这些进行投票的人中（其中也包括许多创作者和任何在该生态圈里都可以投票给其他心仪的设计图示的人们），有一部分人会真正转化为消费者，掏钱购买印有其喜爱图样的T恤。

发展的态势持续进行，无线T恤公司的生态圈在2007年已拥有超过50万名会员。[83]到了2011年，该网站每个月的访客高达400万，并拥有10万名相当活跃的设计创意者！[84]而且，成熟的沟通机制让会员们能够即时对作品提出正面反馈，许多设计师因此在平台上建立起自己的口碑。无论是设计师还是消费者，都在这个生态圈里找到了自己的归属感。因此，无线T恤公司每年才得以销售出上百万件高质量、印有个性化图样的T恤，甚至还衍生出实体零售商店，以及无线T恤公司专属的电视节目。

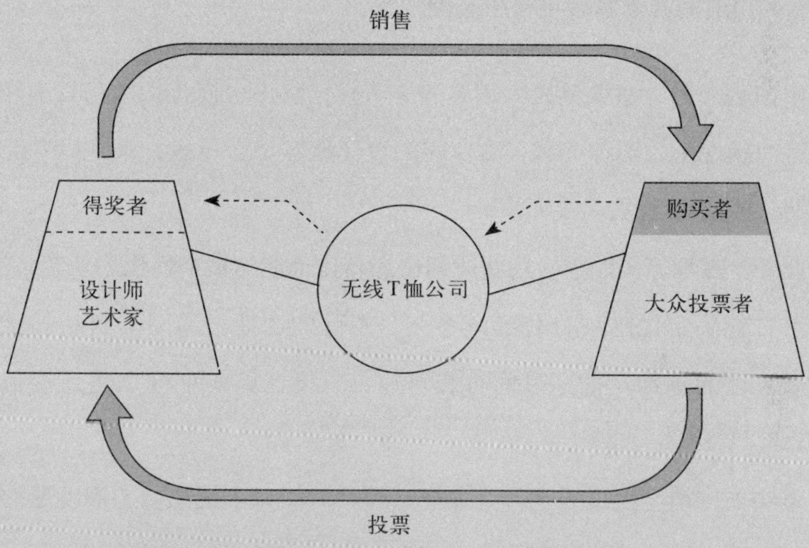

图 4–3　无线T恤公司的平台模式

注：通过每周投票的循环式平台模式，无线T恤公司从众多设计师当中过滤出顶尖得奖者，并成功使大众进行购买。图中的灰色区域为“付费方”。

无线T恤公司的平台模式让它的潜在客户群决定哪些创意设计品应脱颖而出，更重要的是，它因此准确把握了每一期究竟该生产多少T恤。同时，它通过良好的社区机制，不断驱动各类相关议题让人们参与讨论，网络效应变得波澜壮阔。如前所述，这是将创作端与营销端合二为一的战略，其关键在于以阶段性的时间概念所挑动的高度关注。这种平台模式同时打造出“发掘”和“营销”的步骤，最终才实现“制作”的销售环节。

小结：利用时间元素发展平台生态圈

中国达人秀、超级星光大道等选秀节目，将平台模式构建在长达好几个月的时间轴之上。而像无线T恤公司的设计比赛平台模式，则是以7天为一个周期，重复实行的。

此外，高朋等团购平台还将时间概念转化为能够被个性化的元素，借此，商家可自行决定优惠项目将延续多久。不同的产业、不同的商品都能制定出适合自己的周期，推广时间可长可短，只要在团购平台上达到营销目的即可。

事实上，拍卖性质的平台企业都必须将时间元素视为生态圈发展的重要环节。国外的eBay便设立了广告跑马灯，越接近拍卖截止时间的项目，越容易得到置顶的曝光机会，吸引消费者的目光，诱导他们在最后期限以充满激情的心态去竞价。

可以说，若将“时间”元素融入生态圈的发展战略，可以有效地引发网络效应。这不仅是根植于生态圈基础架构之中的概念，也是生态圈能否成功发展的关键。

以“地理”为平台内核模式

实体设备平台的地理战略

除了“时间”的概念以外，“地理”元素同样是许多平台模式必须慎重考虑的环节。事实上，许多平台企业将生态圈的根基与真实的地理环境相联系，这么一来，平台的触角将更坚实地深入人们的生活之中。

线下支付工具拉卡拉成功的主因之一，就是它非常重视将POS（销售终端）机推广到各区域的便利店里，运用地毯式覆盖战略将与人们生活高度相关的区域包覆下来。到拉卡拉的官方网站里，你可以看见电子地图标示着哪些地方拥有其终端机。对此，我们将在下一节中详述。

同样，前文所提的维络城在发展时期，也曾如火如荼地将终端打印机推往各大购物商城，并将其设置在人流最集中的交汇口。逛街购物的人们常会看到在商城最显眼的地方，矗立着高大的桃红色机座，那就是维络城的打印机。这些终端机仅供限量商户刊登折扣广告，而且维络城只接受邻近的商家

（必须在 2 公里的地理范围内）进驻，这样才能满足消费者的即时餐饮消费需求。

基于同样道理，分众传媒令人耳熟能详的战略，正是不惜一切代价地“跑马圈地”。首先是以商业写字楼为地理战略，然后再覆盖白领受众群体的所有生活轨迹，将广告屏幕推入商场、机场、娱乐场所等地。积极地开拓地理区域为分众传媒带来两大优势：首先，终端屏幕分布得越广，其接触到的受众群体越多，垄断的市场份额也就越多。再者，身为广告平台，散布的网络越广，能够拟定的广告配套菜单则越丰富，也越有可能推出极具吸引力的个性化选项给广告商，并借此抬高价格。

上述这几个平台企业的例子，多为拥有实体设备的生态圈，因为在许多情况下，硬件终端与地理战略是一体两面的（我们会在下一节中探讨平台的实体设备）。事实上，这些平台的生态圈范畴，就是它们真实覆盖的地理范围。

然而也有一些平台企业，虽然缺乏实体设备，却仍将地理元素纳入核心战略的考虑之中，甚至在平台初创之时，就以此为建筑生态圈的主轴。

非实体平台的地理战略

同城网是个线上分类广告平台，主要针对招聘、房产、征婚交友、二手买卖等信息发布广告，人们可以在上面刊登简短的信息，有需求的人们则直接与其联系。这些信息均拥有高度的地域化特质，因为往往只有与用户来自同一个地理区域的信息，才具有实时、便捷的相关价值。因此，首次进入同城官方网站的用户，就会先看见它以城市名称为划分依据，供人点选。同城网所服务的地区多达376个城市，并于上海、广州、天津、武汉、哈尔滨等17个城市设立了分公司。[85] 可以说，同城网筑起了一个可复制的生态框架，将每个地理区域打造为自成一格的生态圈，让"同一个城市"的人们能够便捷地刊登与获取各种信息。直至2010年年底，同城网平台的浏览量已高达2.3亿，[86] 并实现了1亿人民币的利润。[87]

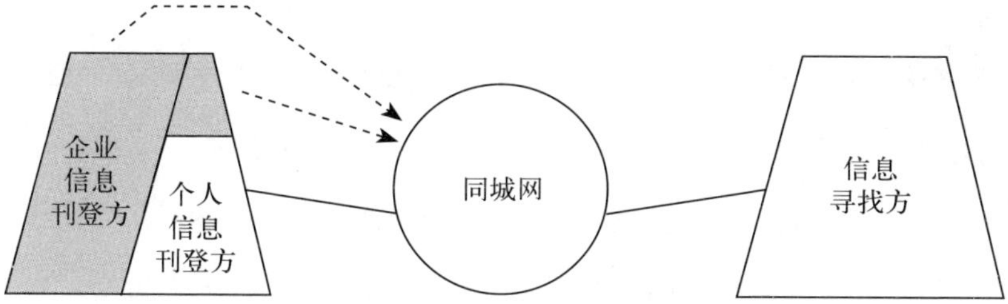

图 4–4　同城网的平台模式

注：使用同城网的人们大致可分为两种群体：信息刊登方和信息寻找方。在信息刊登方中，又可分为企业用户与个人用户两种，而同城网的利润一部分来自商家会员的包费，另一部分则来自愿意付费的个人会员。支付费用后，他们所刊登的信息将被置顶，可获取更高的曝光率。图中灰色区域为"付费方"。

前程无忧、智联招聘、中华英才网等招聘平台，或是如世纪佳缘、百合网、珍爱网等婚恋交友平台，全是建立在互联网上的生态圈，但它们均以地理区域作划分，为用户提供更方便准确的价值主张。

其他的例子还有丁丁网，提供在地生活信息以及路线的搜索工具。而位于上海的平台企业"129T"（http://129T.com）则在用户键入所在位置后，便列出邻近外卖服务的餐饮商家，使用户足不出户就能体验多元的用餐需求；类似的平台在欧美有 Grub Hub（www.grubhub.com）①以及 Just Eat（www.

① 是一家总部位于芝加哥的订餐搜索引擎创业公司。——编者注

just-eat.com）[①]等。这些平台企业打破传统，将地理概念打造成以个人为中心的服务。

现在，让我们来看一个极具创意的平台模式，这是一个结合了游戏元素、折扣服务，以及以地理为核心战略的生态圈。

案例：Foursquare

2009年3月成立于美国纽约的“Foursquare”，是一家以地理位置服务为基础的平台企业。

所谓“以地理位置服务为基础”（location based service，简称LBS），是指通过特殊技术定位出移动终端的地理位置，并提供与该位置相关的信息服务。[88]通过锁定某用户手机的所在地，告诉他附近区域有什么样的餐厅、加油站、电影院等设施，让其随时随地都知道身边环境的信息。

Foursquare的诞生就是建立在这个概念上的，它连接了用户与商家这两边群体。用户只要通过简单的绑定措施，手机就会立即变成Foursquare生态圈的一部分。每一次用户来到一个会员商家的店里“签到”，该平台都会记录此动作，并且为其介绍邻近区域的店家。例如咖啡厅、购物商城、博物馆等。当然，用户还可以公开自己所在的位置，并通过Foursquare的平台发布到自己的社交平台网站上，比如在Facebook、Twitter上，让朋友们立即知道自己在哪儿。[②]这个以移动互

① 英国的一家订餐网站。——编者注

② 这属于跨生态圈的连接机制。

联网为技术核心的平台生态圈，实实在在地与用户的生活圈接轨了。

然而，Foursquare最特别的地方，是它加入了新颖的游戏机制。“签到”于不同的地点，用户能够获得积分，累积虚拟勋章。若时常到某个场所“签到”，还可能获得当地“领主”的头衔，在Foursquare的平台上受到公开表扬，充分满足了用户的虚荣心。获得特定积分或勋章的用户，还可以得到优惠奖励，真实的回馈使人们更加乐于参与。

类似的活动为一成不变的生活带来了更多乐趣。当日常生活的轨迹被转化为游戏蓝图，再平凡的举动也被灌注了新的活力：买杯咖啡、去KTV唱歌、上健身房，全都多了一层意义。Foursquare还与许多企业、媒体进行合作，推出各种独特的奖励。比如，在2010年世界杯足球赛时，前往南非的用户便能在Foursquare上签到并获取“南非探险者奖章”，而参与特定世界杯相关活动也能够获得“超级球迷奖章”。[89]

然而，在Foursquare的生态圈里这些看似新鲜有趣的游戏背后，其实都蕴含着明确的战略目的。

每一个勋章、每一道奖励，都是为了让用户对生态圈产生归属感。当你“玩”得越凶，便会越无法自拔。生态圈的体系鼓励素不相识的人们争夺“领主”封号，是为了激起消费者对商店的感情——试想，多少人会对自家街角的星巴克产生某种情感？那已成为你生活一部分的小店，若能当上它的“领主”并享有特殊折扣，是一件多么具有吸引力的事儿啊！很显然，这是充分运用跨边网络效应的策略。看起来简单的游戏机制，成了引爆网络效应的主因。而这些由生活中长时间累积的名誉，便是防止用户离去的最佳转换成本。事实上，当平台生态圈的影响范围逐渐与用户的真实生活圈呈现高度重叠，绑定用户的效果就变得异常强大。这也是Foursquare只花一年的时间便成为拥有

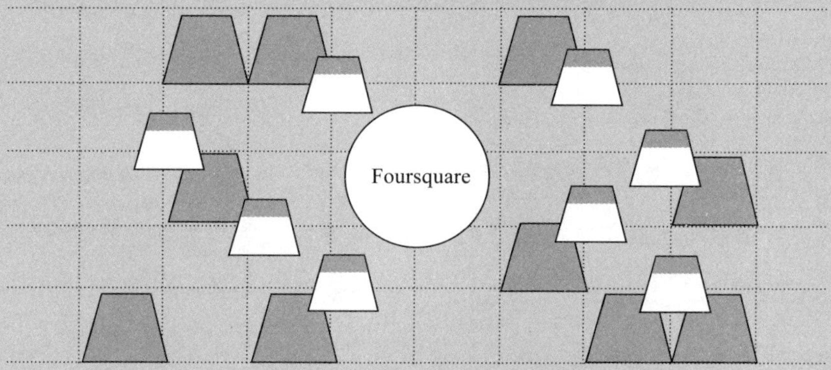

图 4–5 Foursquare 概念图

注：真实的地理环境是Foursquare的棋盘。商家与平台企业合作并分享利润，消费者则争相"签到"，成为地盘"领主"。平台企业同时得以搜集真实而精确的地理消费数据。图中全灰色梯形为商家，也就是主要的"付费方"；而消费者仅有梯形上端为灰色，意指某部分的人群被转化为有效"付费方"。

百万忠实用户等级的生态圈的原因；这个成果比微博的始祖Twitter要快上一倍。[90] 2010年年底，Foursquare的用户数量为500多万人。[91]

我们都知道Facebook、Twitter等社交平台已流行了许久。在中国，开心网、微博同样享有如此高的人气。然而这些生态圈仅是互联网上的虚拟平台，所有的人流、信息流仅停留在虚拟空间之中，与现实世界仍存在明显的区别。Foursquare的诞生改变了这一切，它融合了虚拟世界以及真实的物理世界。

如果说互联网曾经打破了地理的疆界，使人与人之间的联系更为紧密，那么Foursquare则击碎了互联网平台一度无法突破的瓶颈，反过来与真实的地理环境进行融合，创建虚实俱全的生态圈。而隐藏于该平台模式之中的核心是数据的诱发与捕捉：通过地理位置的追踪，Foursquare可以捕捉到用户行为与消费轨迹。这些累积的数据极为珍贵，成为平台提供给广大商家的价值，也是它与商家交涉时的谈判筹码，更是进行精准定位营销的赢利基础。

实际上对于商家来说，Foursquare从一开始就拥有了非常吸引人的价值主张。Foursquare就像个游戏棋盘——为每一位用户量身定做的棋盘——而商家，就是当中的关键元素，使他们与此生态圈形成天然盟友。Foursquare创立至今，已经有许多知名品牌投入其生态圈中运作，如百事可乐、星巴克，各大名校及百货公司。Foursquare为这些商家提供了精准定位的营销手段（而且是以有趣的游戏模式包装起来！），以及多层级的相关用户数据库，包括顾客“签到”的次数与时间、客户群人口结构、常客的数据、近期访客的资料等，[92]均成为营销战略的基础和此模式的赢利根基。

小结：考虑地理元素发展平台生态圈

类似Foursquare的平台商业模式，还有将“大富翁”的游戏概念与现实地理环境相连的“My Town”（我的小镇），让用户能够在虚拟世界中过过购买现实房产的瘾，充分发挥虚实结合的潜力。中国类似的平台企业为

“16Fun”（www.16fun.com），而直接采取Foursquare模式的中国企业，则包括“街旁网”（www.jiepang.com）与“玩转四方”（www.sifang.com）。

当然我们必须知道，既然将物体维度概念作为打造平台的基础，就表示生态圈的延展规模有可能受到限制。最明显的例子便是同一个区域的商户数量、多元性均可能达到瓶颈。相较于互联网，这是地理元素必然要承担的缺陷。然而，其优势却是覆盖人们生活轨迹后所能达成的绑定效益，以及更真实、更准确的消费行为数据，这一优势是该平台模式的赢利关键。

布建实体基础设施

平台商业模式的呈现方式可以通过软件，也可以通过硬件。它的内容千变万化，带动了形形色色的生态圈的发展。当今，互联网成了生态圈成长的催化剂，正以前所未有的速度引爆商业领域的网络效应，更以空前的规模覆盖了多边用户群体。本节将聚焦在实体基础设施的硬件环节，探讨生态圈成长的核心要素。生态圈的成长并非仅以互联网为中心，硬件设备也同样可能扮演平台生态圈发展进程中最关键的角色。

案例："拉卡拉"线下支付

中国的电子支付基本上有四大类：网上银行支付、虚拟账户支付、移动支付以及线下支付。在线下支付领域，平台企业"拉卡拉"以惊人的发展速度闻名。它与银联合作，曾一同攻占线下支付85%的市场。[93]

拉卡拉（www.lakala.com）是一种支付渠道，许多便利店都设置了这种POS终端机，拉卡拉最初以信用卡还款为主要业务。人们不需要注册任何会员账号，只要到便利店一趟，采取几个简易的步骤即可：在拉卡拉的POS机上刷过需要还款的信用卡，然后再刷借记卡（银行卡），键入借记卡密码与想还款的金额，便完成了整道手续。所需的时间不出几十秒，方便又快速。更重要的是，这项服务免手续费。

在线上支付逐渐普及，但安全问题及烦琐程序依然困惑着许多人的今天，拉卡拉为人群的支付需求带来了另一个选择。对许多消费者而言，支付宝、财付通等互联网支付平台的注册流程过于繁杂，除了必须有网络才能使用，有时还必须担心账号密码被黑客盗取。若亲自前往银行缴款，往往又必须排上好长的队伍，等了许久只为简单的付款事宜，似乎不值。

因此，拉卡拉靠着方便性与免费的优势在消费者眼中建立起了强大的价值体系。而为了树立更为便捷的口碑，拉卡拉全力推动与便利店的合作，这无疑也为便利店带来了额外的价值。有数据显示，安装了拉卡拉的公共终端设备之后，某些便利店的销售额激增，而增加的人流量中有近87%是因拉卡拉而来，他们当中40%的人会在便利店购买其他东西。[94]

2008年时，拉卡拉的终端机仅出现在20多个城市，[95]然而2010年年底，它却已覆盖了200多座城市，拥有多达50 000个支付点。惊人的成长率在2010年一整年就为拉卡拉带来了1亿笔交易数量，这是总额高达1 500亿元的交易额度。[96]到了2011年年底时，拉卡拉达成全中国便利店95%的覆盖率，[97]并实现赢利。

在拉卡拉所搭建的支付生态体系中，当用户通过其服务完成付费，拉卡拉的后台系统会将该程序转发给银联，银联则会告知相关银行立即进行转账事宜。这意味着，在整套支付流程里，拉卡拉并不需要承担资金转移的风险。[98]而之所以能为消费者带来免费服务，是因为拉卡拉的利润分成源于金融体系中已成熟的利益分配机制。举例来说，若信用卡的发卡银行在每笔还款手续费里提出1元与产业链中的其他成员进行分成，那么拉卡拉可以取得约20%左右；[99]换言之，若达到500万笔类似的交易数量，拉卡拉就能取得100万元的利润。

成功建立起用户规模与口碑之后，拉卡拉开始为用户提供其他类型的付款业务，包括与民生需求息息相关的水电费、手机充值等，甚至还包括公益捐款等服务。

必须强调的是，在拉卡拉的商业模式中，最关键的环节就是它的POS收款设备。与以往的POS机不同，拉卡拉的终端设备并非放置在商户端，而是直接与消费者接轨。换言之，不同于普通的POS机多置于餐厅、商店里，拉卡拉的战略是锁定消费者，只将POS机放在消费者必经之地。它与各类连锁商家建立起合作联盟，进行收益分享，才得以将POS终端机设置于和人们生活息息相关的地方，例如住宅区、商业区的便利店、连锁药店，甚至是烟酒行等非常贴近人们生活的地点，以及沃尔玛、中石油等知名连锁店的附近。[100]

然而拉卡拉最大的创举，应该是它成功地将POS终端机送入用户的家里。

这是个什么样的概念？任何人，只需要花368元便可以买来一台拉卡拉POS终端机，放置在家中，让你随时使用信用卡还款、手机充值、查询银行卡余额等功能。换句话说，使用者不须再到处奔波，跑许多地方来办理各种令人晕头转向的缴费事宜。通过一台家庭式终端机，所有缴款渠道将会从社会的各个角落，全部统一集中到你家里来。足不出户，用户也能一次解决所有事，犹如家里有台属于自己的ATM（自动柜员机）。

可以说，拉卡拉打破了传统付款事宜僵硬的地理概念，以一台硬件设备承担了所有角色。而且同时，它也成为互联网支付平台的互补体，在安全方面也更令用户感到安心。

当前，家庭终端机的发展迅速，在2010年年底已为拉卡拉带来将近100万笔的月交易数量。截至2011年年底，拉卡拉销售出超过30万台家庭终端机，[101] 占据九成以上的市场份额。[102]

除此之外，2011年，拉卡拉的月均刷卡交易数量已达2 000万笔以上，实现了赢利。[103] 可以说，拉卡拉是个另类支付渠道，也可以说它与第三方支付平台一样，是凌驾于各平台之上的垂直性平台。而让它实现良好发展的关键，正是实体终端设备，因为实体设备为它建立起了壁垒，使它占据了地理覆盖战略的优势。

终端设备——无论是设置在便利店的公共终端，还是安装于家中的私用终端——均代表着拉卡拉生态圈的核心价值，同时，它也因便捷度而备受使用者青睐。虽然设置于便利店的公共终端为了达到快捷与方便，缺乏强大的绑定效应，但拉卡拉深入家庭的POS硬件设备，本身就代表着一定的转换成本，有效地将用户绑定在拉卡拉的生态圈之中。

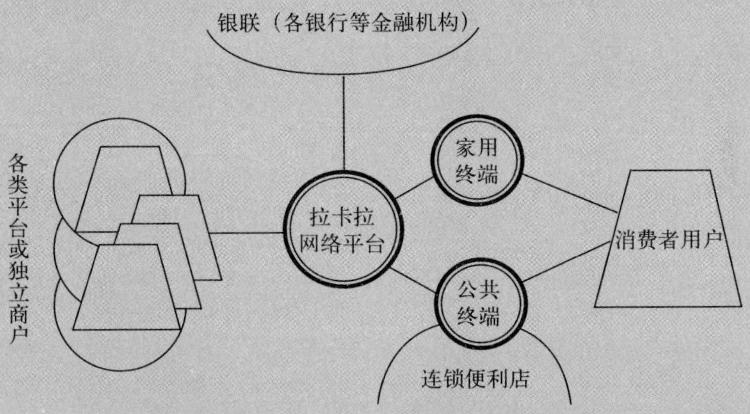

图 4-6　拉卡拉的线下支付生态系统

注：拉卡拉与银联等金融体系是互补的，是一种另类支付渠道。通过在便利商店等地设立“公共终端”，并销售“家用终端”给用户，实现线下支付的核心价值。而在拉卡拉平台的另一端，则连接了各式与生活支付息息相关的平台或独立商户，其中包括水电气缴费、宽带固话缴费、手机充值、游戏充值、捐款、彩票、网购付款、期刊订阅等。

小结：将硬件设备与平台价值完美融合

除了拉卡拉以外，许多其他平台也高度运用了硬件设备的概念。

先前提过的优惠券平台“维络城”，以绑定手机的感应芯片为用户锁定壁垒，且拥有追踪用户消费行为的精准科技。分众传媒的液晶屏幕代表着广告网络的分布与总体价值。

Xbox360、PS3 等电视游戏系统的策略是补贴硬件主机的售价，将玩家绑定后再从游戏的销售额中赚取更多利润。而电子书阅读器则反其道而行之，提供一个进入数字阅读生态的界面，让用户能够以非常便宜的价格下载成百上千种书籍。

苹果的iPad或亚马逊的Kindle阅读器，都是将终端设备与平台价值完善融合的案例。我们将在第六章解析软硬件合一的多层级生态圈如何运转。

第五章

平台生态圈的竞争

“赢家通吃”

自古以来，商人之间为了争夺更多客源，用尽各种方法与彼此竞争。处于同产业的企业之间，相互对立更是极为寻常的，它们不断通过拉大差异化与压缩成本来与同业抗衡。最根本的原因，就是同产业的企业群往往服务于同一群潜在客户。因此，以往企业制定竞争策略时，目光总是盯着那些与自己拥有同样基础的同质性竞争者。

平台商业模式的兴起，为商业竞争的格局带来了重大变革。

商业竞争不再只是企业与企业之间的肉搏战，而是更全面、更深层的赢利模式之间的战争，甚至已成为跨产业联盟之间的大混战，是生态圈与生态圈之间的战争。移动互联网便是最好的例子。手机终端商、软件开发商、电信运营商、内容提供商全面加入战局，人人都想从这块急速膨胀的利润池中捞得属于自己的一杯羹。不但品牌战持续着，手机也开始入侵许多以往难以想象的领域，包括替代了音乐播放器、记事本、数码相机、电子书阅读器、钱包、电子邮件中心，甚至房门钥匙等。现代人的手机就如同多功能瑞士军刀，拥有多种用途，而且已演进到可让使用者自行增添用途的程度。

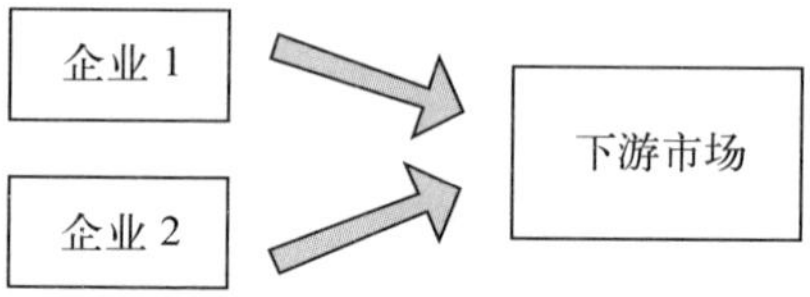

图 5–1　传统企业的竞争

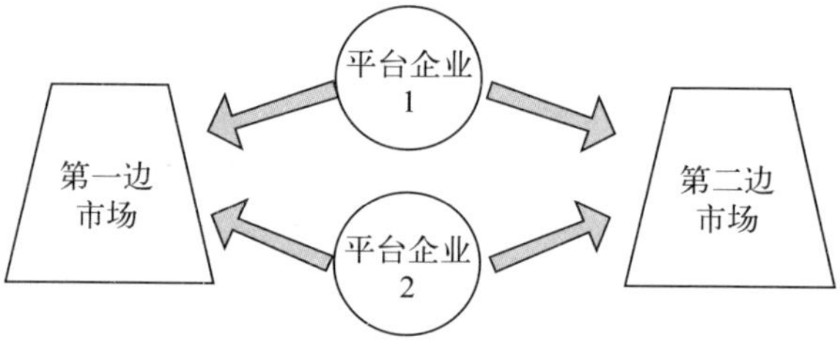

图 5–2　平台企业的竞争

本书将从两个角度来探讨平台企业之间的冲突：竞争与覆盖。所谓“竞争”，我们定义为拥有同质性业务的平台企业之间，运用相同的赢利模式争取相同的使用群体而产生的对抗。比如，百度与谷歌皆主要依靠关键词搜索广告赢利，针对相同的商家与网民群体，彼此具有竞争替代关系。而“覆盖”指的则是一个处于邻近，甚至毫不相关的产业平台所产生的对既有赢利模式的威胁。这些平台产业的核心价值相异，目标客户也不尽相同，却侵蚀了彼此的领域，形成生态圈之间极度复杂的冲突关系。就电子书而言，苹果iPad平板电脑的主要目标群体并不是书籍阅读者，但它却严重破坏了电子书生态。

“覆盖”是平台商业模式间的一种特殊冲突关系，我们将在下一章进行深入讨论。本章主要探讨“竞争”的概念，也就是同质性平台企业为了占有市场而采取的对抗战略，以及产业中可能蕴含的“赢家通吃”的本质。

"赢家通吃"

"赢家通吃"的可能性决定了平台竞争的激烈程度，平台产业中，只要以下三项条件的程度越高，"赢家通吃"的垄断现象就越可能发生：

1. 高度的跨边网络效应。
2. 高度的同边网络效应。
3. 高度的转换成本。

这三项条件我们在先前的章节都分别讨论过。现在让我们看看它们在平台竞争格局中所扮演的角色。

平台商业模式存在的意义，正是为了捕捉多边市场间的网络效应，借以满足不同群体对彼此的需求。它并非只是一个中介渠道，而更像拥有强大吸引力的旋涡，开启了多边市场间从未被发掘的动能，组织起庞大而复杂的生态圈。互联网、线下店家、手机终端，都有可能是平台生态圈的业务范畴。高度的网络效应增加了使用者进驻平台的效用，因此推升了该平台的市场占有率，最后形成一家独霸市场的局面。

网络外部性的效应可分为跨边与同边。"跨边网络效应"可以说是任何平台模式得以创建的前提，两边市场的用户互相吸引，通过平台进行交易。而"同边网络效应"则代表某单边市场的用户人数越多，为彼此带来的价值越大。"转换成本"则是防止用户轻易脱离所处生态圈、前往竞争对手生态圈的防线。因此若我们深究一个产业的本质，就会发现当这三个条件越高时，该产业越有可能被一个平台企业独霸，形成垄断；当这三种条件皆低时，市场则易于被众多平台瓜分。

我们由下表举出一些跨行业比较的例子：

表 5–1 各产业的"赢家通吃"现象表

	跨边网络效应	同边网络效应		转换成本		"赢家通吃"现象（领先者市场占有率）
		第一边	第二边	第一边	第二边	
PC操作系统	+++	软件开发商 ∩	用户 +++	软件开发商 高	用户 高	微软 95%
在线出版	+++	作者 —	读者 ++	作者 高	读者 中	起点中文网 71% [104]
在线购物	+++	商家 —	买家 ++	商家 高	买家 中	淘宝 >70%
社交	++	第三方应用 —	用户 +++	第三方应用 中	用户 高	2010 年：开心网 57.44% / 人人网 24.58% 2011 年：人人网 45.91% / 开心网 37.28%
团购	+++	商家 —	消费者 +++ （中国：0）	商家 中	消费者 低	西方：Groupon 55% 中国：无人领先
旅游	+++	机票酒店商 —	消费者 +	机票酒店商 中	消费者 中	携程旅行网 50%
人才招聘	+++	企业 —	求职者 —	企业 中	求职者 低	前程无忧 30%
购物商城	++	商店 —	消费者 ∩	商店 高	消费者 低	区域第一名 < 20%

注：①所谓的"赢家通吃"，是指市场的第一名与第二名间有相当大的差距。通常市场领先者会拥有四至六成甚至更多的份额。

②图表中的市场份额数值只是某个时间点的数值，并不代表将永远如此（虽然表中许多企业确实连年霸占市场）。许多达成"赢家通吃"的企业，也可能在商业环境变迁、颠覆性技术出现时，逐渐丧失份额，甚至迅速遭到淘汰。本书希望阐述在众多竞争者角逐市场时，瞬息万变且复杂的情况下，竞争趋势依然能找到可依循的方针。

PC操作系统

Windows操作系统是个典型的平台生态圈，消费者与软件开发商之间有着强烈的跨边网络效应，个人电脑消费者越多，其吸引的软件开发商开发出的与微软操作系统兼容的软件也越多，吸引的消费者也越多。PC操作系统平台上同边网络效应也极大，大多数消费者使用微软操作系统后会促使下一个消费者也想采用微软系统，以方便彼此交换数据文件。软件开发商之间同边网络效应是"∩"型，初始软件开发商希望有一定数量的厂商使用相同的编程语言，所以软件开发员愿意投资学习该语言，但如果过多软件开发商进驻，又会产生激烈竞争。再者，购买安装着Windows（视窗操作系统）的电脑对消费者而言是沉没成本，买了后想换就是另一笔大投资，而学习使用不同的操作界面也是需要时间的，这些全都是生态圈的转换成本。在跨边、同边网络效应极强，转换成本也高的情况下，微软的Windows一度占据95%的全球市场份额。

在线出版

网络小说的在线出版平台从早期便面临着各方激烈竞争的局面。从2005年幻剑、龙空、天鹰等6家网络平台联盟共同对抗起点中文网，到2006年的17K文学网站，直至今日的纵横中文网、腾讯读书网等，竞争态势激烈而混乱。然而，此类型产业作者群与读者群具有高度的跨边网络效应，众多的作者吸引读者加入，众多的读者又吸引作者进驻平台。而读者群的同边网络效应也高——大多数读者选择阅读哪部作品，一个重要决定因素正是该作品点阅率的高低。一部作品拥有上千万的点阅率是故事质量的保证，这正是同边网络效应的最佳运用。起点中文网更是在此基础上建立了多重归属感的机制，提升作者群与读者群对平台的黏性。因此，目前起点中文网已成为市场龙头，2010年在利润方面已占网络文学出版业71%的市场份额。若依用户在生态圈中的使用时间来衡量，也占据60%以上的份额。[105]

在线购物

同样，在线购物平台的买卖双方之间也拥有高度的跨边网络需求，虽然消费者不认识对方，但通过平台机制聚集的消费评价却开启了同边网络效应，使用户集体对商家的评价在彼此间产生了高度的价值。同时，支付宝的诞生也为淘宝网大幅提升了转换成本，因此，在整个线上购物平台的竞争环境中，淘宝网跨越了地理的限制，占据了超过 70%的市场份额。

社交

社交平台拥有良好的跨边网络效应（用户、广告商、第三方软件开发商），以及良好的同边网络效应（分享生活信息的普通用户）。同时，社交平台对于用户的转换成本相当高，因为每个人在上面发表的文章与相册、转载的影片、朋友间的对话等，一切社交记录都将成为转换平台时必须放弃的东西。当网络效应爆发，这一产业将凝结成为强大的转换成本。可以料想，社交网络是个“赢家通吃”的产业。在美国，Facebook 在 2011 年下半年的市场份额超过 65%（这还是将高流量的视频网站YouTube也算进整个市场分母的结果，否则这一比率会更高），[106] 全球用户更突破了 8 亿人口，俨然是全球社交平台之首。在中国，“赢家通吃”的产业生态同样明显。开心网与人人网两个平台倾全力角逐产业龙头的地位，①在 2010 年由开心网称霸，占据 57%的市场份额，人人网则以 24%的份额位居第二。[107] 然而，人人网属较早开放第

① 人人网与开心网的长期竞争，其中掺杂着许多复杂因素，包括人人网收购了有争议的域名 kaixin.com、双方官司、人人网率先于纽约上市等。本章将焦点聚集在网络效应与转换成本的战略解析上，并未触碰其他这些或许具有深远影响的因素。

三方应用的社交平台，以高额度的分成比例吸引开发商进驻；但这高达56%的分成利益是有条件的，人人网曾以排他性条款限制开发商在半年内不得进入竞争对手的平台。[108] 到了2011年，人人网成功于纽约上市，中国社交平台的竞争格局也发生了变化，转由人人网以46%左右的份额居冠，开心网则不断流失市场，以37%的份额退居第二并持续下滑。在这里我们看到了产业拥有天然的"赢家通吃"本质所产生的结果：市场只允许一个主要的王者称霸，因此即使两个竞争平台同样优秀，它们却无法稳定地分食市场——在网络效应的强大作用力之下，它们的市场份额只能持续上升，或者持续下滑。除了这两名角逐冠军的平台企业，其他每一个平台竞争者（前10名）所拥有的市场份额都低于1%，只有第三名的"51.com"表现好一些，维持在2%左右。

团购

团购拥有良好的跨边、同边网络效应。虽然缺乏具体的转换成本，但口碑一旦建立，就将成为最有效的用户黏性。这种设置最低购买人数门槛的平台模式，成功地在西方市场引爆同边网络效应，让Groupon 2011年在美国的市场份额保持在50%~55%左右，比第二名Living Social（速途网）的20%高出了许多。[109] 然而当战场转往中国，局势发生了巨大变化。团购模式的核心要素，是以最低人数限制为门槛，促进人群呼朋引伴，以数量的汇总来换得可观的优惠折扣。然而，当数千家团购平台如雨后春笋般出现在中国，这个关键的机制被打破了：许多团购平台不再设置最低成交人数门槛，一两位消费者加入购买时，网站便直接标示"团购成功"。或许对于许多平台企业而言，这是在竞争者泛滥的产业格局下，必须做出的生存决定（他们必须赚取一点一滴的交易分成），然而这种因恶性竞争而刻意放宽交易门槛的行为，却彻底摧毁了团购平台模式该有的产业优势，磨灭了同边网络效应存在的意义——消费者根本不会留意产品的需求人数，只要点选自己看好的产品下单就行了。换言之，恶性竞争扼杀了整个产业的同边网络外部性。在原本就缺乏转换成本，而同边网络效应又降为零的情况下，产业完全碎片化，不再具有“赢家通吃”的本质。到 2011 年年中，中国已有超过 5 000 家团购平台各自分食市场的一小部分，[110] 规模最大的为拉手网、美团网、糯米网等，却无人能够持续占据 20%以上的市场份额。

旅游

该产业拥有良好的跨边网络效应。有旅游需求的用户可通过平台找到最合适的机票与酒店信息，另一方面，机票与酒店客房又属于过了当天期限就浪费掉的产品，有多渠道推广的需求。但是该产业天然的同边网络效应、转换成本都相当低。旅游产品属于个人产品，你的邻居买到便宜机票不代表你也买得到；而对机票酒店的品牌而言，则因负向网络效应而彼此竞争。同时，消费者为了贪便宜，不会只浏览一个平台，通常都会在好几个平台上四处比价。因此，该产业自然难以产生“赢家通吃”的现象。然而携程旅行网通过几个战略步骤，改变了自己生态圈的本质。比如，以积分奖励机制来提升用户的转换成本、让广大用户能为酒店的质量进行评分或聚集消费大众的意见，增加同边网络效应等。携程旅行网还设立了附属平台“驴评网”，以点评机制与社区功能服务为主，供用户分享旅游照片和心得，其目的就在于增强消费者这边群体的同边网络效应，并以信息内容的发表来建立用户的归属感，提升转换成本。这些策略让携程旅行网打破了产业欠缺天然垄断的本质，跃升为产业龙头，连年保持50%以上的线上订购市场份额，完全甩开了竞争对手。

上述这些均是“赢家通吃”的例子。接下来让我们看看哪些平台企业由于身处的产业缺乏“赢家通吃”的特质，必须持续面对激烈的竞争。

人才招聘

互联网招聘平台连接了企业与求职者双边群体，具有高度的跨边网络效应。然而，无论对企业用户还是个人求职者而言，同边网络效应不但缺乏，还可能都是负向的。企业不喜欢在同一平台上彼此竞争、抢夺人才；求职者也不喜欢其他人的简历冲淡自己的能见度。当然，负向的网络效应为平台企业提供了赢利途径，也就是付费式的增值服务，比如，让愿意支付的用户增加曝光度等。然而，缺乏正向网络效应会使竞争格局碎片化，很难有一家企业能独霸招聘市场。再者，此类生态圈天生缺乏对用户的约束力，转换成本极低，多数求职者都有多地栖息的可能性。这些因素加起来，使得“赢家通吃”的现象在线上招聘产业并不明显。在“低同边网络效应”、“低转换成本”的产业现象之下，前程无忧、智联招聘、中华英才网三大招聘平台连续好几年各据江山，竞争虽激烈，但谁都无法完全垄断市场。5年来，领先的前程无忧仅占据三成左右的市场，而智联招聘与中华英才网则各自占两成左右的市场占有率。[111]

购物商城

再来看看充斥各大城市的购物商城。它连接了品牌商店以及有逛街欲望的消费者，每个商城都是一个独立的生态圈。虽然两边群体之间的跨边网络效应较高，但商城本身却几乎没有任何转换成本。消费者随时想到哪儿逛街都行。例如，单单上海一座城市就拥有超过40家购物商城。同时，购物商城的商店一边，同边网络效应是负向的，地理空间的限制使只有固定数量的商家能够进驻；而消费者一边的同边网络效应是“∩”型，消费者希望逛街时去有点儿人气的地方，但是又不希望过度拥挤，需要排队结账。因此在拥有数家购物商城的城市里，任何一家都难以独霸，除非消费者和商家别无选择。

因此，我们看到，当产业天生拥有低网络效应和低转换成本时，难以出现一家平台企业垄断的现象。那么若你的平台企业处于这样的环境之中，该怎么办呢？事实上，无论产业的天然本质是什么，平台企业只要有办法不断提升上述三个条件，就能比产业中的竞争对手更具优势，享有更多的市场掌控权。

案例：C2C电子商务与第三方在线支付的“赢家通吃”现象

有时候，平台企业可以发展另一个互补性的平台来增强“赢家通吃”的效应，例如C2C电子商务平台淘宝与eBay等，虽然跨边网络效应强，但商家之间的同边网络效应为负，而且消费者容易多地栖息，他们可以在不同电子商务平台之间转换，随意浏览产品、下订单，转换成本并不高。然而在中国，C2C电子商务市场却由一个平台生态圈——淘宝网所支配。这是为什么呢？淘宝网成立3年内，市场份额已达70%，交易总额超过7 000万人民币。若连商城业务也算在内，淘宝曾一度吃下C2C网购交易市场80%以上的份额，[112]打造了“赢家通吃”的局面，其背后的原因为何？

我们认为，支付宝这个第三方支付平台的成功确立了淘宝网在C2C在线购物市场的独霸地位。支付宝的创立，最初只是为了协助淘宝网解决当时线上交易中买卖双方不信任的状况。支付宝设立之初并非像今天这样是个完全独立的平台，而是依附在淘宝网上，提供交易担保的附属功能。但实际上，支付宝的存在不仅解决了消费者对电子市场的疑虑，还深深影响了两个平台的战场：它补全了淘宝网“赢家通吃”的条件，使整个C2C电子商务产业的体质发生变革。

在线支付平台所提供的现金流交易服务贯穿了诸多产业，可以说是位于不同层面的平台生态。更特别的是，现金流与产品流不同，它是多方向流通的——商家与消费者之间，商家与商家之间，甚至消费者与消费者之间。使用支付宝的用户可以相互转账，甚至为彼此赠送礼金、交付房租等。因此我们可以说，这种跨越产业疆界的平台服务，跨边与同边网络效应既是正向的，又是强烈的。从另一个角度来说，消费者会自然抗拒多地栖息的可能性，因为使用多个支付平台可能会产生难以管理、资金分散，甚至有泄密、被盗等风险。支付宝的交易担保系统解决了多方交易者之间的原生风险，得到了使用者的信任。强大的口碑在无形间消弭了用户转换的可能性。因此，在“高度的网络效应”与“高度转换成本”条件下，第三方在线支付产业形成了单一平台独大的状况：支付宝已经连续5年以上蝉联冠军，市场份额稳居50%以上，而第二名的财付通仅拥有20%左右的份额。

虽然各个电子商务平台都想以建立自己的支付系统来绑定消费者，但是在线支付却是个“赢家通吃”的产业，激烈竞争后只能容下一两个霸主。腾讯拍拍网推出财付通，eBay推广贝宝（PayPal），但最终支付宝胜出了。在支付宝的支持下，淘宝网的用户转换成本激增，甚至到了屹立不动的地步，最终以超过70%的市场占有率吃下中国的C2C

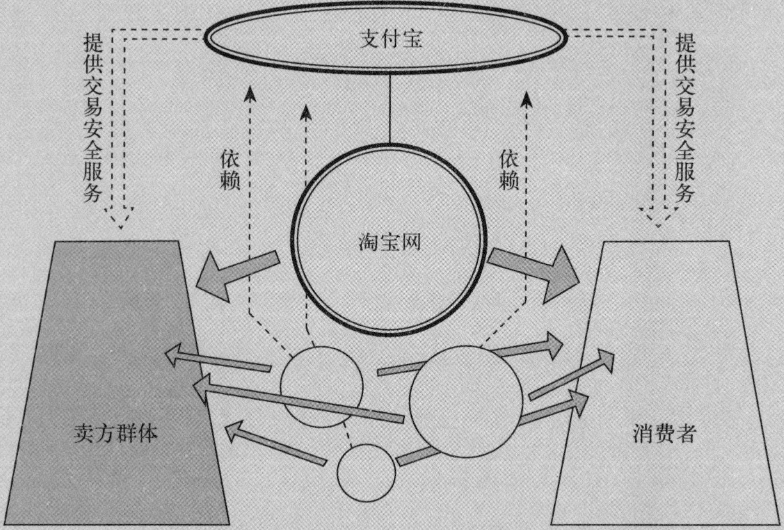

图5–3　淘宝的“赢家通吃”战略

注：电子商务原本属高度碎片化、难以“赢家通吃”的产业。支付宝的诞生补足了淘宝电子商务的转换成本环节，改变了整个产业格局，使淘宝网实现了“赢家通吃”的战略。不仅如此，第三方支付本属高度“赢家通吃”现象的产业，它的出现还促使诸如淘宝网的竞争者也必须依赖支付宝的矛盾现象的产生。

电子商务市场。多数人回顾淘宝网与其对手（尤其以eBay所投资的易趣网为代表）的竞争历史，多着眼于东西方文化差异或是市场成熟阶段等因素，忽略了该产业是否具有“赢家通吃”的特质以及发展附属平台来助阵主战场的影响。相同的现象也发生在其他国家，在美国实现“赢家通吃”的C2C电子商务平台eBay拥有贝宝（美国最大的第三方在线支付系统），日本的Yahoo!拍卖则拥有Yahoo! Kantan Kessai（日本最大的第三方在线支付系统）。

小结：评估“赢家通吃”效应，了解平台竞争态势

提升跨边、同边网络效应及转换成本是平台生态圈达成“赢家通吃”的必经之路。电子书原本的功能仅是让用户下载想看的书籍来阅读，到后来却演变为用户间能够互相“借书”来看（在一定时间内仍须阅读完毕，某些电子书平台更规定一本下载来的书只能外借一定的次数），这便是提高同边网络效应的策略。欲补足低转换成本的弱点，第三方线下支付系统拉卡拉推出了家庭终端机，意在绑定用户，增加其转换成本。

此外，地理环境若构成某种程度的成长限制，也将增强“赢家通吃”的可能性。比如，分众传媒的目标领域是写字楼，维络城希望占据人流丰沛的商城地段，这些地点都有数量上限，因此它们必然要与竞争者之间展开剧烈的地毯式圈地大战，期望能以此达到“赢家通吃”。

多地栖息决定跨边定价战略

就平台企业而言，对一边市场群体的定价策略，将取决于另一边市场用户多地栖息的程度。[113]

我们以信用卡为例，维萨卡与万事达卡之间便存在必然的竞争关系。如果维萨卡降低对商家收取的手续费比例，许多商家很可能会脱离其竞争对手万事达卡的体系，仅使用维萨卡。然而，这种降价吸引客户移转的情形必须有个关键条件：这些商家所服务的客户群之中，绝大多数必须有“多地栖息”的倾向，也就是他们同时拥有维萨卡与万事达卡两种信用卡。

若平台使用者（持卡人）多地栖息的程度并不高，即某些人只拥有维萨卡，而另一群人只拥有万事达卡，转换平台相当困难的时候，那么平台企业（比如维萨卡）调整手续费时，并不会产生多大的战略效果：商家不会因此放弃与其他信用卡合作，因为他们不会抛弃不同市场区域的持卡客户。如此一来，维萨卡的价格调动策略将失效，难以聚拢足够的商家来达到竞争的目的。

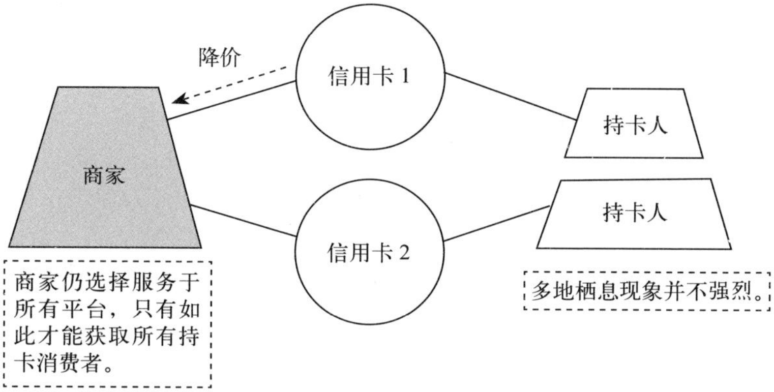

图 5–4　多地栖息现象微弱，造成价格竞争策略的失效

注：当“被补贴方”（持卡人）多地栖息的现象不强烈，不同的平台掌控了不同的市场区域，此时“付费方”（商家）没有理由只与一家平台企业合作，因为它们希望能接触到所有市场。因此，一家平台企业想通过降低手续费来垄断商家，多半无法奏效。

反之，若“被补贴方”（持卡人）多地栖息的程度相当高时，调整对“付费方”的定价策略才有意义。平台企业可以通过调整价格，来吸引“付费方”的聚集，甚至开出排他性条款。如此一来，通过垄断来壮大“付费方”规模，将成为对另一边市场（被补贴方）的强大吸引力，也将成为平台企业对抗竞争者的话语权。换言之，在“被补贴方”多地栖息的前提下，“付费方”很可能有被单一平台企业垄断的意愿，于是竞争者好似被截断了一条腿。平台企业若趁势掌握此话语权，推动跨边网络效应，促进“被补贴方”聚集到自己的生态圈中，则能截断竞争对手的第二条腿（见图 5–5 和图 5–6）。如此一来，达成正向循环，抵达市场临界数量，成功完成“赢家通吃”。淘宝在中国就是利用这一连环策略打击 eBay，独霸市场的。

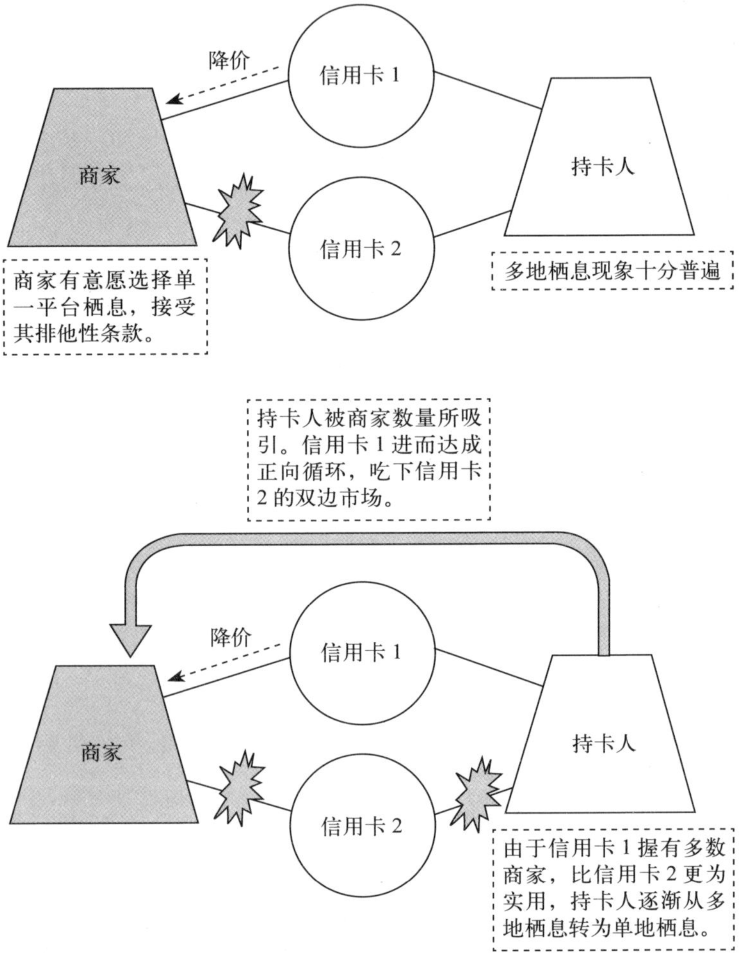

图 5–5 和图 5–6　多地栖息现象强烈，使价格竞争策略得以实现

注：一旦“被补贴方”（持卡人）多地栖息的现象趋强，所有平台竞争者共享总体市场，此时若一家平台企业降低对“付费方”（商家）的手续费，很容易奏效。

我们先前说过，决定哪一边群体为“被补贴方”，其中一个主要因素是他们对价格弹性的反应。本节则列举出，对“付费方”的定价策略，必须考虑“被补贴方”的多地栖息现象。

然而，这里出现了一个相当矛盾的情况：商家（付费方）或许会希望消费者（被补贴方）多地栖息的程度高一些，因为这样平台企业的定价结构将对商家这边有利（为了刺激正向循环，平台企业会更有意愿降价。）但同时，商家却又对消费者多地栖地的行为感到头疼，因为这会分散客源和现金流。分析各方群体复杂的意向，是平台企业决定定价策略时的必修课。

简而言之，一边群体的多地栖息现象将加剧各平台竞争者之间对于另一边群体的价格竞争，因为所有的平台都希望以低价格为诱因来达成市场垄断。[114]

核心定位问题

平台企业之间的竞争是针对多边市场的竞争。

欲捕捉网络效应的平台企业之间，所抢夺的不只是一个市场群体。例如，使用双边模式的团购网站，它们不仅希望吸引消费者的眼球与下单欲望，而且还希望能争取更多商家进驻；采取三边模式的分众传媒与它的竞争对手聚众传媒，跑马圈地抢尽写字楼中的液晶屏幕位置，同时又争取广告商的青睐，甚至通过排他性条款彼此竞争，为的就是影响第三边——目标受众的消费习惯。

传统企业的竞争局面往往是针对下游客源的割喉战，这是直线式、瞄准单一市场的竞争。然而平台模式在启动网络效应之后，它所连接的双边市场对彼此有强大的吸引力；任何一个平台企业只聚焦于抢食某一边市场，都是行不通的，因为该市场成员是否选择进入你的平台，最大的决定因素往往是你在另一边市场拥有多强大的实力（或是你的竞争对手平台在另一边市场的实力）。因此，平台生态圈之间的竞争态势既复杂又混乱，只靠单一解决方案难以分出胜负。即使如此，清晰的生态圈定位还是会为平台企业带来特定优势的。

依循天然市场屏障，制定平台生态圈边界

决定核心定位的途径有很多，其中之一是考虑潜在网络效应所能涵盖的范围，即市场的“天然屏障”，界定出目标市场的范围。

平台企业在创立初期，必须小心留意因历史、人文、地理、种族等因素所形成的“天然屏障”，它代表着疆界分明的潜在市场边界。如果你所建构的平台生态圈，其服务范围与这些“天然屏障”相吻合，那么你在与竞争对手拼搏的过程中自然会更具优势。反之，若一个平台企业为自己制定的范围与市场的“天然屏障”有过大落差，潜在用户的流动性将难以捉摸，客源很容易被与你定位相异的竞争平台所剥夺。

例如，中国就是个浑然天成的市场区域：自成一格的地理疆界，5 000 年的历史传承，超过九成的汉族人口，共同使用的语言。这使得中国的平台企业在设定生态圈的潜在市场定位时，能依据国内文化作出迅速而准确的判断。当然，将生态圈定位在如此明确的市场屏障内也有其缺点，那就是生态圈的触角往往难以向外延伸。例如，百度的成功若是依靠其对于中国文字的了解多于西方企业，那百度向西方语言的搜索扩展也将面临极大的文化障碍。

中国市场是当今全球企业无不垂涎的一块“肥肉”。然而，为什么在某些产业中，整片市场仅被单一的平台生态圈占据？比如，B2B（企业对企业的电子商务模式）电子商务平台“阿里巴巴”在中国的市场份额超过了 60%，是第二名的十几倍。[115] 又为什么在某些产业里，几个规模最大的平台企业彼此断杀，却久久无人称霸？我们在上一节已提出“赢家通吃”所需的条件，在本节后面我们会列出更多影响平台竞争的因素。

确实，当今企业用以衡量市场边界的单位往往是国家或地区，因为各国的天然差异性与交易政策落差都足以切割出明显的市场区块。独特的语言环境也可能形成天然的市场断层带，比如加拿大的魁北克，是个自成一格的法语市场；香港则是使用广东话的地区。人种、族群、产业、地理位置都可能成为明显的市场屏障。

平台企业在创建初期若将这些独特的“天然屏障”列入考虑范围，其能够挖掘出商业契机的可能性会更大，也可能打造出创新的商业模式，以生态圈的概念覆盖潜在的多边市场。若能发掘尚未被竞争者察觉的隐性断层带，更可能迅速切分出属于自己的业务领域，开发出具有差异化的市场区块。

然而，一个平台企业必须意识到，即使与你相同性质的竞争者，与你一样连接相同的双边（或三边）市场群体，甚至使用如出一辙的赢利机制——竞争者仍可能因“核心定位”的不同而拥有特殊优势。让我们以招聘市场为例，审视平台竞争者之间摩擦出来的多元火花。

案例：招聘市场的竞争格局

若说有一种产业能反映出经济体的成长与衰退与各行各业关系密切，那就是人才招聘市场。中国在过去三十几年的高速成长也使招聘行业得以蓬勃发展。而地理范围广大、城乡发展不均、产业资源高度碎片化等问题，推动了互联网招聘平台的兴起。2004年，仅占中国整体招聘市场13.2%的互联网招聘，[116] 在2011年，其规模已达4.9亿，[117] 整体市场已有超过50%的人群转由互联网求职，这样的现象仍在持续蔓延中。

智联招聘（www.zhaopin.com）与中华英才网（www.chinahr.com）均成立于1997年，通过打造平台生态圈来连接求职者与企业双方，遥遥领先于同业。在这些互联网的平台上，广大的求职者是“被补贴方”，可免费上传自己的简历，集结成为庞大的人力资源库；平台企业再以其为话语权，转而让有招聘需求的企业成为“付费方”，通过收费，刊登他们的职缺信息，并提供多种增值服务。

前程无忧网（www.51job.com）在互联网招聘产业中算是后来者。当它进入线上招聘市场时，许多竞争者早已起跑了两年。然而前程无忧有个强大的优势——它从周刊媒体起家，拥有对传统招聘广告模式的自信与把握。它紧密结合了报纸与互联网的优势，成为平台的营销核心。在那个时期，中国招聘市场正从混乱的传统媒体朝着更高效的互联网模式逐步转变。不断兴起、数量庞大的互联网招聘平台就像一股强大的拉力，鼓励求职者迁徙到线上招聘的新世界里。然而，只有少数企业像前程无忧网一样作了渐进变换的配套，以传统纸媒成功达成品牌的高覆盖率，再步步为营发挥其互联网优势。该策略促进了前程无忧的高速成长，到了2010年，该企业的营收已突破5亿元，领先占据32%的线上招聘市场；第二名为智联招聘，以4亿元利润占据24.7%市场份额。[118] 第三名为中华英才网。

然而即使如此，没有一个招聘平台可以独霸市场。在当时，选择使用互联网平台进行招聘的企业已有数百万家，[119] 三个领先的平台竞争者各自推出自己的管理软件，提供数据统计与职缺发布功能。然而就技术而言，三个平台事实上并无太大差别，再加上高同质性的赢利模式（赚取企业方的职缺发布费用），彼此战得如火如荼，却依然无法分出明显的胜负。

三大招聘平台企业都将自己定位为“连接中国所有求职者与所有企业”的生态圈，主要潜在客户群从一开始就被定位成“所有会使用互联网的中国求职者”，这显然消弭了它们之间的差异性。但我们看见，除了这三家平台彼此竞争，有更多招聘平台以颇具差异化的业务领域、地理范围、目标群体为核心价值定位，积极强夺市场份额。

以“36人才”（www.36.cn）为例，它旗下建立了好几个以产业划分的互联网平台。包括中国旅游人才网（www.tourjob.net）、中国汽车人才网（www.carjob.com.cn）、中国医疗人才网（www.doctorjob.com.cn），以更深入的信息打造专业化平台，通过更具针对性的配对来吸引特定客户群。“36人才”底下的独立平台还提供建筑、金融、化工、印刷、教育、科技等20多个依产业划分的招聘平台。

这种细分化的线上平台深化了自己耕耘的领域，比前程无忧所提供的概括性服务范围更具针对性与专业性，因此被吸引而来的求职者与企业彼此间匹配的概率可能更高。甚至可以说，单凭借生态圈本身的定位，就已过滤出相关性较强的双边用户。通常这类细分化的平台生态圈，跨边网络效应会相对较强（但同边竞争也会更激烈，造成负面的同边网络效应）。

可以说，细分化的平台，所服务的领域相对精深，因此在特定领域具有一定优势，就像以产业边界为差异化的中国汽车人才网，曾有报道显示它于2009年发布的“汽车生产职位”一栏里，拥有超过15 000条招聘信息；非专精于汽车产业的前程无忧平台，同样条件的职缺当时却只出现5 800多条，[120]仅占其四成还不到。

除了依产业划分的平台领域，地理范围也是竞争者定位生态圈的良好区隔条件。专攻深圳人才市场的中国人才热线（www.cjol.com），在该城市所拥有的求职者信息、企业信息，甚至是配对效率与成功率都比前程无忧的平台表现得更为良好。[121]而“Careerbuilder.com”与“Monster.com”①则是跨越了数大洲的全球性招聘平台，地理范围远远超过前程无忧的服务疆界。

再举个例子，长久以来，中国的人才市场存在着广泛的结构性问题：每年大学毕业生等中低端求职者数量众多，供给远远大过企业需求，而管理高层人员、高端技术人员等，却又供不应求。“铂识”（www.beasom.com）所提供的平台为此问题提供了解决方案。“铂识”同样是个建立在互联网基础上的招聘平台，不同的是它只服务高端客户群，会员必须通过信赖的朋友邀请才可加入。求职者目标群体被设定在MBA（工商管理学硕士）、EMBA（商级工商管理硕士），及企业中高管层里有意换工作的人员。而通过“铂识”发布的工作职缺，年薪都从15万人民币起跳（此最低门槛即使与中国平均工资最高的上海相比较，也高上许多。）

① Monster在2008年10月完成对中华英才网的全资收购。

广度和深度

上述所有产业竞争者，均依靠连接企业与求职者双边市场来打造平台模式。不同的是他们核心定位的本质更精深、更广泛。以前程无忧为例，一个平台企业所面对的竞争，大致可分为以下4种：

1. 高同质性、赢利模式相同的竞争平台，比如智联招聘网、中华英才网。它们与前程无忧拥有几乎一模一样的生态圈架构，以及非常相似的赢利模式，亦是前程无忧最大的同质竞争者。

2. 高同质性，但赢利模式相异的竞争平台。比如台湾的“104外包网”（www.104case.com.tw），设定让正在寻找工作机会的承包方付费，而有职位需求者（大多数是企业）则能免费使用平台服务。

3. 业务领域（或地理范围）相对广泛的竞争平台，比如源于美国的招聘平台LinkedIn（www.linkedin.com）跨足全球，也已成功让许多中国求职者进驻。

4. 业务领域（或地理范围）相对精深的竞争平台，如同先前提到的，专精细分市场的“36人才”，专攻某地理范围的“中国人才热线”，或锁定高端经理人的“铂识”。

我们可以清楚看见，即使拥有相似架构的竞争者，也可能以差异化的定位来侵蚀你的用户市场。然而即使如此，某些产业在本质上仍具有“赢家通吃”的特性，能支撑数个竞争平台共存，产生群雄割据的情况。回顾互联网招聘产业，我们看到在极低的同边网络效应、极低的转换成本下，前程无忧、智联招聘、中华英才网三大招聘平台连续好几年各自握着部分市场份额，却无人能达成垄断。

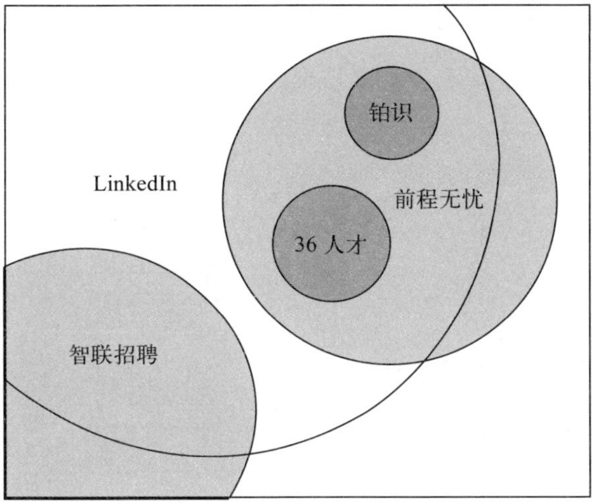

图 5–7　平台竞争者的广度与深度

注：即使是服务于相同市场群体的平台企业，也可能拥有不同广度与深度的战略定位。

平台竞争定位——先推动哪边市场成长？先聚焦哪个市场区块？

平台商业模式所面临的最大挑战，正是如何启动并延续网络效应。我们在先前的章节以“先有鸡还是先有蛋”作比喻，阐述在平台企业的初创期，锁定哪一方用户先成长将迅速决定生态圈的发展能否占据起步优势。当我们将竞争对手也考虑在内，战略决策将变得更加混乱复杂，也更重要。

相较于传统企业的竞争方式——将目光集中在抢夺下游买方市场，平台企业的竞争格局却牵扯到多边群体中的每一方。每当网络效应被启动，平台生态圈里的各方群体自然产生复杂的连接关系，这是典型的牵一发而动全身的情况。根据各竞争平台间“广度与深度”的差异，一个平台企业面临两个最主要的战略考虑点：

1. 竞争的过程中，平台企业应该集中力量栽培哪一边群体使其壮大？

2. 竞争的过程中，平台企业又该聚焦服务什么样的客层？

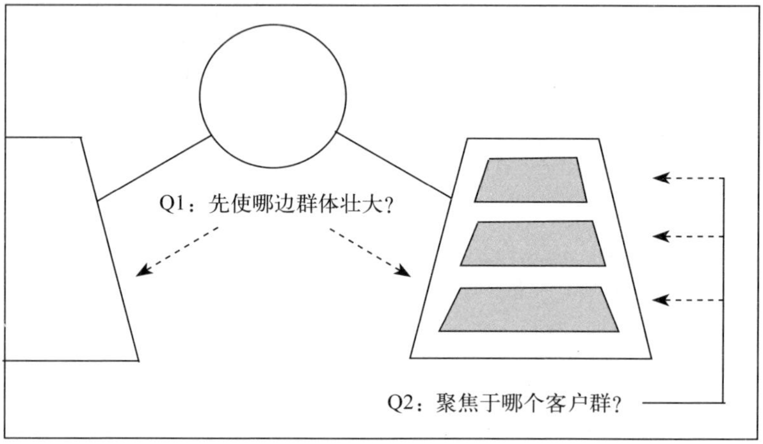

图 5–8　两个核心定位问题

注：生态圈连接了两个以上的市场群体。平台企业必须先决定想使哪边壮大，然后决定该聚焦服务哪些客层。

第一个问题涵盖了整体生态圈的定位问题，可能会影响到补贴模式，甚至是赢利模式。第二个问题较为精细，牵扯到客户群定位的细节问题，但如前所述，该问题也可能影响生态圈在竞争环境中或深或广的战略定位角度。两者间有关联性，却是分别独立的问题，也需要独立解决的策略方案。

首先，在生态圈多变的竞争态势里，这些战略衡量点或许没有一个既定的标准，它随产业天性的不同、竞争对手策略的不同而有所变动。参照我们所画出的生态圈体系图，第一个问题所指的是该选择“哪一边”市场群体来投入更多的成长资源，因为其结果将决定其他边的群体是否愿意踏入你的生态圈里。一个有趣的现象是，当新的平台商业模式（或产业）刚诞生的时候，往往由于产业边界仍不明确、增长和赢利模式尚不清晰，不同竞争者可能采取不同的战略选择进行摸索，并试着取悦不同边的市场群体，甚至推出迥然不同的补贴模式与定价策略。但往往过不了多久，哪方市场应该集中力量栽培这一问题便迅速明朗化。各竞争者通常会别无选择地采取同样的策略，共同争夺某一边市场为核心定位。不这么做的平台企业，其生态圈将无法成功启动网络效应，可能立即遭到淘汰。我们在第二章中已提出判断哪一方该为“付费方”、哪一方该为“被补贴方”的重要条件，也可为参考依据。

相较之下，上述的第二个问题属于细分定位的领域，能在单一市场之中（或者两个，甚至更多的市场中）定位出更为精确的客户群。平台以提供专属价值给此聚焦群体为策略主轴，而谁是生态圈的焦点群体，多半取决于平台企业的定位意向与手中掌握的资源；这正是平台差异化的基础。

再以电子商务为例，淘宝网、京东商城等买卖交易平台所面对的第一个挑战，明显是如何先集中力量使卖家变得强大，否则一旦商品选择不多，没有买家来光顾，正向循环将难以启动。然而接下来面对核心客户的定位时，这两家电子商务平台却作出了不同的选择：淘宝网从一开始便聚焦拉拢小型商家、个体户卖家，为生态圈打造五花八门的产品选择；而京东商城则纳入了大型，甚至是有品牌的电子产品卖方，以保证正品、确保质量为其核心定位。因此，两方的生态圈虽然因有重叠部分而造成不可避免的竞争，却各自掌控着相对稳固的地盘。

可想而知，生态圈的竞争领域是动态的，没有任何一条法则能使平台企业在面对竞争对手时永远屹立不败。然而面对产业环境的变迁与演化，我们仍有线索可循，它会暗示我们哪些策略能带来更多机会，以使我们能从众多竞争者中胜出。现在，让我们以在线视频产业为例，看看不同竞争者在选择战略定位时是如何促成产业成熟化，却在产业演化变革的过程中不得不再次改变自身定位的。

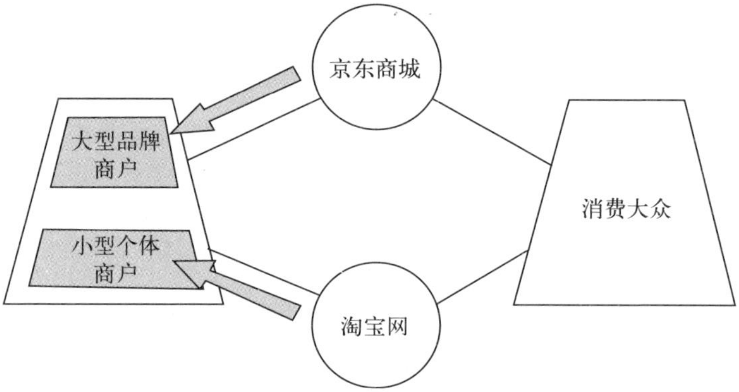

图 5–9　淘宝网和京东商城

注：淘宝与京东同为电子商务平台，面对商家群体时，却选择聚焦于不同的客户群。

案例：优酷视频

在线视频播放平台这几年一直处于战火燎原的激烈竞争局面。产业生态变动迅速，从五六年前网民开始一窝蜂接受此新兴媒体至今，依然没有一家视频平台企业能说自己已立于不败之地。但若以用户浏览时间为市场份额进行评判，优酷俨然已站在遥遥领先的地位。

优酷视频（www.youku.com）于 2006 年年底正式上线时，业界已有不少竞争者。整个产业在短期内出现超过 200 家视频网站，彼此厮杀。[122] 在这些众多视频网站中，有个共同的生态圈模式，那就是通过视频内容的播放与分享来吸引观众，然后再由积累观众数量来吸引广告商，并以此赢利。这是典型的以内容发布为核心的平台模式——连接“视频内容”、“观众”、“广告商”，达到三方相互牵引的正向循环。这类平台在初期所采取的补贴模式也有些共同点：从被定义为“付费方”的广告商那里赚取利润，而身为“被补贴方”的观众用户则能免费观赏各类视频节目。唯一的灰色地带，也是平台间差异性的所在，是“视频内容”的来源。在当时犹如战国时代的竞争局势里，上百家视频网站多数都没有足够清晰的定位，以决定自己专攻何种内容。多半情况下，他们对能获取的任何内容都会不顾一切地尽量抓取，平台企业在产业初期就像在摸黑探路一样，缺乏内容建制的策略。然而事实正是，一家平台提供什么样的内容，会逐渐在用户脑海中建立起生态圈的差异化印象。

后来，逐渐有视频平台企业大胆尝试，选择花钱购买内容；也有平台企业选择投资自制的节目，并结合内建的广告营销策略，打造属于自己的生态圈。然而在当时，“优酷”与“土豆”这两个即将从竞争者中脱颖而出的平台，却选择了创新的做法——以用户自创视频为战略主轴。

西方的平台网站YouTube成为全球第一大视频发布平台后，“用户自创内容”对许多人来说已不再是陌生的概念。它的定义即是，任何人都能随时上传自己拍摄的视频到平台上，与众人分享。

传统媒体视频的制作需雇用专业摄影人士、使用专业摄影机，雇用专业演员或播报员，再辅以专业灯效、音乐等背景配备，方能制作出观众眼前的视频。而“用户自创视频”颠覆了这些普通人原本难以操作的环节，任何人（甚至是三岁小孩）只要手中握有一台小型摄影机，便能将随手捕捉的画面上传至YouTube，无论它的内容长短如何，也无论拍摄技巧是否专业。事实上，史上第一个上传至Youtube的视频，是个不到20秒的画面片段，叫作“我在动物园”，上传于2005年4月份。在该视频中，一位青年在说话，他的背后站着两只大象，拍摄得既不专业，也没有经过任何灯光音效处理。

而“用户自创内容”这种在早期难以料想其结果的策略，为世界带来了什么样的革命性效果呢？事实证明，它使YouTube在60天内所积累的内容，比美国三大电视体系60年来所创造的内容还要多！[123]

6年间，YouTube已拥有超过5亿的独立用户，每个月的视频浏览量高达920亿页。若换算为时间统计，总体用户每个月花在YouTube上的时间多达29亿个小时，①相当于32.5万年！每一天会有20亿个YouTube视频被人们打开来观赏，而全球每一分钟就有约24个小时的视频被上传至YouTube。甚至有统计显示，全世界的互联网流量当中，高达10%就是来自该平台。[124]

YouTube（www.youtube.com）仅花了3年时间便成为全球第三大网站，握有超过40%的市场份额，而第二名的Hulu（葫芦网，www.hulu.com）以及第三名微软（www.microsoft.com）的份额仅为个位数

① 这些还不包括手机仪器等内建视频，仅为Youtube网站本身的统计数字。

字。这明显是“赢家通吃”的结果。[125、126]

若我们从多边平台模式的角度来看，“用户自创内容”的战略意义是它抹去了“用户”与“内容”这两个群体的边界。这种以众包模式为核心的定位方式，促使两方群体的跨边与同边网络效应成功地实现了融合：任何人都可以是内容的拍摄者与上传者，而当用户基数获得提升，内容的比例也将相对激增，这是相辅相成的。另一方面，虽然视频产业的平台转换成本非常低（用户随时想换平台观赏视频只需按几下鼠标和键盘），但YouTube建立了近似社群的功能，让观众能记录、追踪自己看过的视频，甚至可写下简单的备注感想，同时还能为有兴趣但尚抽不出时间观赏的视频贴上标签，供日后随时观看。一系列的机制为每位观众提供了个性化的服务，让每个人均能打造属于自己的视频组合。这些设计在某种程度上提升了转换成本，再加上网络视频的竞争者天生拥有同质化、差异小的用户体验，YouTube紧握先行者的品牌优势，产业垄断地位俨然成形。

再让我们将目光转回中国。以优酷和土豆为代表的在线视频平台同样以“用户自创内容”的策略获得极大的成功。优酷在中国引发了“拍客”文化，鼓励人们拍下生活中所遇见的精彩片段，上传到网络平台上与众人分享。优酷还发起了许多主题活动，征集具有时事意义与创意的视频。比如在2007年7月，优酷所发起的“SOS（紧急求救）！救助小锦辉，30天生命接力”事件引发了众多用户的共鸣，他们以公益救助款的形式，在30天内为得了白血病的6岁小锦辉顺利募集到原本难以支付的数十万元手术费用，充分挖掘出中国社会公众的爱心。类似的社会热点事件成为拍客存在的另类意义，但更重要的是，拍客文化转变为一股潮流，无所不在，因为当手机摄像的习惯在社会中逐渐普及时，每个人都可能成为拍客。可以说，民众所拍到的许多实时发生的事件，在被传到视频网站上时，立即被数万人浏览并转发，速度比专业记者还要快很多。这是一股推动、传播社会重点事件的力量。而相较于YouTube较偏向纯社区类型——大部分都是人们自拍的创意表演、自我表现视频，优酷在中国的定位更像是另类的媒体生态圈，成为全国各地的拍客所捕捉到的信息集中营地。

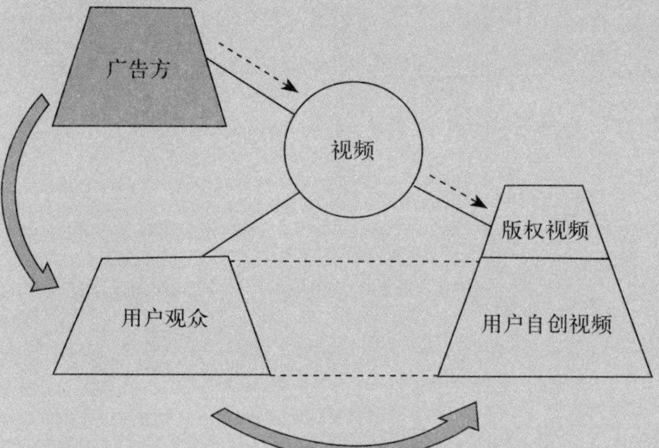

图 5–10　优酷视频的三边平台架构

注：在视频平台的生态体系中，虽然内容与观众拥有强烈的跨边网络效应，但当优酷引爆了“用户自创内容”后，内容与观众的边界变得模糊，两者重叠性提升，于是激起了同边网络效应。除此之外，视频平台企业投资版权视频，得以吸引更多的观众前来。图中的箭头为以往的现金流走向；然而视频平台在近几年也开始尝试从观众群体中汲取利润。

在竞争对手之中，土豆网（www.tudou.com）与其采取的是相同的策略，它以“每个人都是生活的导演”为口号，鼓励用户自创内容的建制。当优酷拥有2.3亿独立用户访问量时，土豆也紧随其后，手持2亿的独立用户基础。[127]多数竞争者无法达到这个数字，因此无法有效吸引广告商成为扎实的“付费方”。

激动网（www.joy.cn）的定位稍有不同。它在2010年获得中国国家新闻牌照后，以此为核心定位，大力斥资发展新闻业务，希望打造第一手在线主流媒体平台。然而由于政策规定，激动网并不拥有时事新闻的原创权，仅拥有发布权，最终，它只得将原创内容锁定在娱乐以及体育新闻这两个领域。[128]这与优酷、土豆等以“拍客”为主战略核心的定位有所不同。

而酷6网（www.ku6.com）、56网（www.56.com）等众多平台的参战，也使得整个产业的竞争格局变得复杂而激烈。然而从2005年至2010年，也就是视频网站初步掘起的5年间，优酷确实取得了实质性的领先地位。以拍客文化定位出平台的“内容”边，这样的策略显然是成功的：当内容与用户达到高度重叠，后续的社区性机制便得以轻松启动，并以其丰富的生态圈功能增强网络效应（如前所述，跨边与同边效应此时已达到融合）。2008年，优酷的流量达到高峰，单日所播放的视频时间就达到13.7亿分钟，相当于2 300万小时。[129]这是个难以想象的数字。而每一天，更有6万条用户自制的视频被上传到优酷。[130]若以有效浏览时间为衡量基准，近几年优酷的市场份额保持在40%

左右，比第二名土豆网的20%高出许多。

然而故事尚未完结。自2010年起，在线视频产业出现了巨大的变化，这也影响到了生态圈的竞争模式。

前几年，以优酷为代表的视频网站的繁荣，很大原因是由用户自创内容所推动的。当时诱导用户成为拍客确实符合战略逻辑，但当所有网络视频企业均一窝蜂地效法，结果却让以用户自制内容为特色的产业本质得到了巩固。同时人们也在对互联网一知半解的情况下，迅速将获取视觉信息的习惯从电视屏幕转向电脑屏幕（以及手机屏幕）。网络视频的观众跟着网民数量同比增长，近年来中国网民观赏网络视频的比例已超过60%，[131]趋向饱和状态。

内容依然是视频平台的核心，这一点是不变的。但用户自创的内容已不足以支撑产业趋于成熟的后续现象。优酷、土豆等所有竞争者开始面临下个阶段的挑战。

诸多原因汇总到一起，将平台企业推到了转型的边缘，这其中包括中国法规日益积极地对抗盗版、经济起飞后中产阶级的崛起对日常娱乐的需求激增等因素。用户自制视频已达到泛滥的地步，不再有2007年刚开始那股飙升的动力，同时由于质量参差不齐，平台企业难以把握并预知观众的青睐度，进而导致广告效益严重下降。换言之，用户自创视频虽然能持续带来流量，其收益却大不如前，许多平台企业甚至再也无法通过广告方来抵消不成比例的宽带费用。平台生态圈的竞争中，用户流量一直是关键决胜点之一；对于在线视频的竞争，流量更是撑起一切的基础。2011年年初，在线视频产业的整体规模达14.8亿元，这其中广告市场就占10.3亿，是产业七成的收益。[132]然而业界有传闻，在中国，若用户流量无法达到一亿以上，该产业将无法有效通过广告营销策略汲取现金流，导致收益停滞。

意识到用户自创内容的限制，竞争者们开始转向下一个能够确保流量与广告效益的内容——版权视频。

电影、电视剧、各式主题节目，只要已确定其观众热爱的程度（甚至只要感觉尚有潜力的节目），各大在线视频平台就会利用所有资源设法争取。"压对宝"的版权内容能为平台带来数十倍甚至数百倍的人流，能轻易转化为广告商机。统计显示，在优酷的生态圈里，相较于用户自创内容仅引来所有流量的20%，通过版权购得的影视内容却能引来近七成的观众！[133]换言之，在视频平台的世界，20%的内容物控制着高达70%~80%的流量。

更加令人兴奋的是，当版权内容成为支撑生态圈的核心，另一种赢利可能性诞生了。有一部分观众愿意为了观看高质量或即时上映的影剧付费。院线电影、高清影视剧视频等，人们可在线支付1~5元的人民币后立即观赏。归根究底，许多民众或多或少都曾购买过高清DVD片或是走进电影院，亲身享受这些高质量的娱乐，因此对于付费享有类似的体验，大家并不排斥（但几乎不会有观众会愿意为其他用户自创的内容掏腰包）。

若我们把2010年当成在线视频产业演化的分水岭，下面这些例子便清楚地描绘出竞争者必须面对的全新窘境：在上个阶段，优酷刚诞生的2006年，中国古装剧《武林外传》80集的在线播映版权卖价为10万元，而2008年知名碟报剧《潜伏》的版权亦为一集1万元。然而当一切出现变化，视频平台对版权内容便开始激烈争夺，到了2011年，所有热销影视剧的在线版权价格已跃升近百倍，塑造出令产业竞争者吓破胆子的价码。乐视网（www.letv.com）以2 000万元买下《后宫》线上版权，优酷以2 500万购入《倾城雪》，搜狐视频（http://tv.sohu.com）更以高达3 000万元取得《新还珠格格》的线上独播权。[134]这在5年前是无人能想象的。

这也是在线视频产业依然亏损的主因。即使版权成本不断飙升，却没有竞争者胆敢不跟进，因为丧失用户流量代表广告营销基础的流失，也代表生态圈可能面临瓦解的风险。

在2010年年底，优酷已握有2 200部电影和1 250组电视剧的版权。[135]目前，优酷已与电影业大佬华纳兄弟达成了战略合作关系，计划在3年内播出450部优质电影，准备面对产业变革后的下一波挑战。

小结：平台阶段转型

回到本节一开始提到的两个战略要素，哪一边该先获得最多的资源得以成长，对于在线视频平台而言，理所当然是“内容”；而在众多内容当中，哪个客户群该成为核心服务对象。我们看见，在线视频产业分为两个阶段的发展进程。初始的5年为成长期，用户自创内容的战略为优酷、土豆打下了胜利的基础。而在下一个阶段，焦点已转向版权影视剧内容。用户对内容的需求并未改变，跨边网络效应依然强大，然而战略核心从用户自创内容过渡到版权内容，其中最大差异在于同边网络效应将失去原来的势头。版权影视剧播出时，用户再度回到观众的角色，成为专业内容的接收者而非创造者。产业若持续演变，我们或许会看到在线视频出现比过去几年更加碎片化的竞争格局，优酷曾经实现的“赢家通吃”现象也可能逐步瓦解。若非因技术革新或其他原因（比如我们在下一章会讨论的生态圈覆盖策略）来改变本产业目前转换成本趋弱的现象，或是找到新一代的平台模式来提升版权内容为用户带来的同边网络效应，在线视频的竞争格局会倾向各自霸占的部分市场。2012 年优酷土豆合并案，便是解决此趋势的方案之一，通过市场龙头的统合并购来维持产业的稳定，进而面临国际竞争。

生态圈的延展性

为达到“赢家通吃”，平台企业需建立跨边与同边网络效应的运作机制，确立核心定位，提高转换成本。然而尚有一个至关重要的问题：如何确保平台生态圈拥有无限扩张的延展性？

在传统制造业，企业必须通过供应链的管理来设法降低成本。这么做会带来可观的竞争优势，因为一家传统企业销售给客户的每个产品都代表着既定的单位成本。企业通过压缩零件的费用、优化生产线、经销控管等方式，想方设法降低产品的成本。然而对于平台企业而言，生态圈初期的建筑成本往往占很大比例，之后每位客户所代表的单位成本却微不足道。许多曾经适用于传统产业的策略也因此不再奏效；供应链的优化对于平台初始的高额建构成本并没有多大用处，对以极低的单位成本即可引进的新用户规模也没有太大影响。所以唯一能够负担平台的平均成本，且实现赢利的方法，就是用户数量的不断增长。这也是为什么规模的发展与成长在平台战略中永远是最重要的一环。而所有的用户增长策略，只有在生态圈拥有高度延展性的前提下，才能体现出效果。

我们以婚恋平台为例，看看延展性在平台竞争格局里扮演着怎样重要的角色。观察显示，它是平台企业在研讨战略核心定位时经常忽视的课题，却往往决定最终谁将成为“赢家通吃”的霸主。

案例：婚恋产业的竞争

随着时代的变迁与科技的兴起，越来越多的人可以接受互联网带来的择偶机会。各种婚恋平台因此崛起，为男女会员提供了一个不需要碰面便能先了解彼此的场所。

珍爱网（www.zhenai.com）是成立于1998年的择偶平台，除了各种互联网的功能外，它还提供上百名专业“红娘”进行中介服务。这些“红娘”成为男女会员之间的桥梁，在双方有尴尬问题时能代为询问，并协助收集彼此的反馈意见。它在平台生态圈里加注了一层人性，贴心地为会员们解决各种问题，并主动协助男女用户的配对。这批经过专业心理学培训的“红娘”团队成了珍爱网与其他择偶平台最大的差异点，赋予它强烈的竞争优势；[136]“红娘”们无微不至地与客户交流，积极为人们寻找合适的终身伴侣。

另一个择偶平台百合网（www.baihe.com）也以十分特殊的定位加入了竞争者行列。百合网为用户提供专业的咨询服务，并与全国妇联等相关机构合作，参与全国“婚姻家庭咨询师”职业标准的制定与考试，走向专业而高端的定位模式。百合网旗下设有婚恋研究院，与知名大学的社会心理机构合作。通过这些专业的研究结果，它推出一项特别服务——让会员用户完成一种爱情心理测验，建立起属于自己的“恋爱类型”档案。同时，百合网还在几个城市设有婚恋咨询服务中心，以实体店面的形式为人们提供专业的相亲服务。[137]

珍爱网与百合网通过提供贴心而专业的人工服务，不但塑造出了差异化优势，更提升了会员们的转换成本。

而除了这两家婚恋平台，无数竞争企业也投身到择偶的领域，整个产业迅速陷入厮杀状态，众多竞争者拼命抢夺因好奇而尝试网络择偶的单身男女客源。我们在前面章节讨论过的世纪佳缘就是众多平台竞争者中的一例。

2008年，珍爱网与世纪佳缘各自以超过二成的占有率领先市场，百合网与其他后起的婚恋平台紧随其后。当年4月，珍爱网以21.95%的市场份额居冠，[138]到了9月，世纪佳缘则以23.62%的市场份额暂时领先。[139]双方你来我往，不分轩轾。这样的竞争持续到2009年，双方依然僵持不下；而以服务年轻用户为理念的“网友天下”交友网站竟也后来居上，在该年8月超越这两家原来的大佬，以21.55%的市场占有率夺冠！[140]人们见识到竞争的激烈，却也意识到无论谁领先，似乎都只能占据约两成的市场。白热化的竞争态势持续蔓延着。

然而到了2010年年初，情况发生了意想不到的变化。

突然间，世纪佳缘的市场份额突破了40%。大批拥有择偶需求的网民蜂拥而至，入驻其生态圈。人们谈论到互联网婚恋服务时，口中提及的便是世纪佳缘这一择偶平台。

原本僵持不下的竞争态势，几乎在瞬间遭到颠覆：春节来临时，世纪佳缘以超过四成的市场份额霸占王者的宝座。而位居第二、三位的珍爱网与百合网，各自握有的市场占有率仅剩下个位数字。网友天下更是退居10名之后。[141]

显然一定是发生了某些事，让世纪佳缘在短短几个月内从众多的竞争者中脱颖而出，达到临界数量。也基于同样原因，许多原本前景良好的竞争对手，无法继续与之保持相同的成长步伐。而我们看见世纪佳缘达到临界数量后，由2010年下半年起一直独占着50%以上的市场份额，以3 000万名会员的规模稳居产业龙头的位置，并实现赢利。[142、143]究竟是什么原因使世纪佳缘打破了竞争缠斗的局面，独霸市场？

面对波涛汹涌的成长现象

在众多企业角逐市场的情况下，整个产业的竞争格局要在极短的时间内改变，若非有某种更强大的社会动力在背后驱使，是不太可能发生的。当时或许连世纪佳缘都没预料到自己的规模即将飞涨。然而它的策略模式在所有竞争者当中，最具备捕捉强大网络效应的潜力，无形中已作好了万全准备。

若要探究原因，我们必须先来看看2010年这个有趣的年份，在许多人的心中象征着什么样的恐惧。

现代人由于工作繁忙以及社会价值转变，许多人维持着单身生活，迟迟未结婚。到了某个时间点，家人施予压力，自己也开始着急。互联网上甚至出现“剩男”、“剩女”[144]等词，用以形容到了某个年龄仍未找到婚姻归宿的人。这其中，女性的担忧现象尤为明显；一份名为“2009中国人婚恋状况调查报告”的档案显示，有高达四成的中国女性担心自己嫁不出去。[145]人们开始通过各种渠道，想尽办法寻找自己的真命天子。互联网婚恋平台自然是现代人的首选之一。其实类似的情况，每年都发生在不少人身上，然而2010年却是最具象征性的一年——“80后”的人们开始步入30岁。

人们习惯将一个时代的人予以定义，“70后”、“80后”、“90后”的人们，自然被贴上了各种印象标签。无论这种对年龄层一概而论的方式是否正确，它确实抽象地界定了一整群人。“‘80后’即将进入30岁”是个令人恐慌的概念。对于婚姻，30岁是颇具象征性的分水岭，掀起了许多令人焦虑的暗示。

而在春节这个必须面对亲戚朋友甚至整个家族的日子，更令许多人倍感压力。有统计显示，不同于以往春节时段的冷清，2010年的春节，竟然是许多婚恋网站的人流高峰。当新年的钟声响起时，“80后”的人们开始进入30岁的阶段，而“70后”则进入40岁。[146]这种模糊的标签激起了群体的恐慌。在毫无预警的情况下，寻求婚恋网站协助的人们在一夕间暴增。

突如其来的人群就像决堤的洪水暴涨。而面对市场规模的突然扩大，各平台企业是否拥有即刻捕捉客源的能力？

世纪佳缘拥有中立而多元的机制体系，刻意把人工介入择偶双方的程度降至最低。生态圈依会员定价、兴趣爱好、交往条件等细分出多种客户群需求，让他们在网站上自行选择。一层层面对跨边网络效应的机制，能在会员数目增加时直接进行复制，每位会员所得到的在线服务功能都是相同的。

反观珍爱网，它的劣势在于“红娘”团队本身就有人数的限制。团队需要达到严谨的资质要求，因而当客源突如其来时，无法为每一位用户即时提供相同质量的服务。依靠“人力”牵线远远比不过以“机制”来满足客户的需求来得迅速。除此之外，对于男女用户而言，与“红娘”打交道等于多了一层人为的不定性风险，在隐私顾虑方面也多了一层阻碍。再加上许多单身男女面对年关逼近已十分着急，不愿再多耗时间经历一层人为沟通。同样道理，在人手足够时“红娘”们或许可以仔细照顾到每位客户的需求，但当人们大批涌进，延展性的缺乏则暴露出来了。简而言之，以“红娘”团队为平台核心不但可能带来频繁的人事变动，还欠缺机制系统所拥有的可复制性与高度延展性。面对前所未有的规模增长，珍爱网所坚持的“电话加互联网”婚配模式，显然没有世纪佳缘以机制体系为主轴有效果。

百合网的模式是通过科学匹配测评系统归纳出来的推荐体系，并希望以专家咨询服务为主打，锁定高端客层。然而，婚姻的成功配对往往是一次性的，就算再高端的客户也不一定希望配对成功后一直使用咨询服务（除非你婚姻出现问题）。咨询者定位似乎与产业规模成长有某方面的违逆。同样，以高度专业的团队为商业模式核心，会有上述的人手限制问题。而世纪佳缘则是靠着完善的机制体系，以高度延展性不断吸收、淘汰新旧用户，有效迎合市场的变化。毕竟，多数人一辈子只结一次婚。

世纪佳缘能够率先达到用户临界数量的理由多元而复杂，但其中的关键就是它的生态圈具备足够的弹性与延展性：机制体系所提供的功能，皆能有效复制给每一位注册用户，为他们带来同等价值。平台商业模式与传统直线式的价值层叠观念是不同的；通过网络效应所推动的平台模式，有着井喷式的成长潜能。

也因此，通过建立一层层中立的、可延展的机制体系，来打造足以缩放自如的生态圈，是机会降临时能否成功的关键。如此一来，平台企业才得以在无任何预期的状况下使规模得到数倍的增长。而类似珍爱网与百合网等竞争对手原本应该拥有的差异化竞争优势，到最后反而局限住生态圈的发展。这里我们需要强调：以差异化功能提升用户的转换成本，虽然是“赢家通吃”市场的条件，但它多在生态圈达到一定规模后才得以奏效。因为防止旧用户离开生态圈的壁垒，许多时候也是阻止新用户进入生态圈的门槛。对于尚未达到饱和的产业竞争局面来说，平台的规模弹性是战略拟定时不可或缺的一环，应该凌驾在一切考量之上。

值得一提的是，世纪佳缘确实也拥有互联网以外的战略优势。它积极组织大量线下活动，依地区、形态作划分，以多元化的主题（比如配合节庆等活动）吸引与会者进行大型的交友派对，新鲜而刺激。

参与这样的活动，一位会员能够在半天的时间内与百位异性会面，十分吸引人。此外，世纪佳缘也积极拓展为企业集团量身定作的交友联谊业务。这些全都为它带来了强大的附加价值，有些人甚至认为这是世纪佳缘成功的主因。然而我们必须认清，线下活动对于世纪佳缘而言，确实只是附加价值，而“附加”这两个字正表明它并非是平台生态圈的核心主体。在世纪佳缘的模式里，线下活动的人流往往源自于互联网平台的注册会员，而且世纪佳缘会对参与人数加以管控，不会影响互联网生态圈的高度延展性。这与百合网的相亲服务店面性质并不相同。

基于以上这些理由，世纪佳缘的会员规模才得以从2008年的1 500万缓慢成长至2009年年中的1 740万，[147、148]但到了2010年年底，整体会员数量急速攀升到3 000万，[149] 2011年已超过4 500万，单季净利润增长近10倍！[150]最后成功于美国纳斯达克上市。它甩开了竞争者，让生态圈的规模突破临界数量，实现赢利。当潜在市场的规模因为某种强大的社会驱动力突然扩张时，能够伸缩自如的平台生态圈才有机会捕捉到那股巨浪。

小结：让平台规模无障碍扩张

平台企业进入高速发展阶段时，首要任务是确保生态圈能够毫无阻碍地扩张规模。审核生态圈的每个环节，大胆预测未来可能的发展态势，都是平台企业必须优先考虑的。而确立延展性的核心，则是回到我们在第二章所强调的，将用户所追求的价值与功能“机制化”。如此一来，无论平台生态圈如何扩展或收缩，用户的需求都能得到及时满足。Facebook 或许从未想过自己的活跃用户数量会从 2009 年初的不到 2 亿，在短短一年的时间内，直线突破 5 亿；[151] 也鲜有人曾预料到微博将席卷中国，仅一年多的时间便达到 1.2 亿整体用户规模。[152] 它们成功的原因之一，正是因为生态圈无论规模如何，每位用户所获得的价值都可以直接复制。平台商业模式的魅力就在于此——奇迹般的规模膨胀，可能降临在任何一家平台企业身上！

第六章

平台生态圈的覆盖战争

新时代的战争——利润池之战

平台模式的崛起所掀起的商业变革具有众多层面和意义。不仅商业模式本身与传统企业的经营模式不再雷同，就连企业所面临的威胁也发生了重大变化。

传统企业通常面对高度同质的竞争者，彼此的赢利模式相似，在垂直价值链条上争抢下游的客源，竞争的形态趋向单一。平台商业模式瓦解了这种线性关系，每个平台企业都可以发展出独特的生态圈，从四面八方连接多边市场——也正因为如此，潜在的敌人往往从无法预料的方向出现。

“覆盖”正是这样一个冲突概念：来自邻近产业，甚至毫无关联的产业的企业，侵蚀你的使用者市场，因而造成了威胁。举个明显的例子，虽然亚马逊公司已经成功地促使美国读者购买电子版本的书籍多于纸质的传统书刊，但是苹果iPad及后续窜起的平板电脑却大量“覆盖”了电子书的功效，除了给予用户阅读方面的享乐，更提供多媒体互动娱乐的价值，如游戏、视频、音乐等。又如，曾经稳坐手机产业大佬位置的诺基亚、摩托罗拉、索尼爱立信，他们的天敌竟来自毫不相关的产业（如线上搜索产业的谷歌），而且所带来的威胁已不是硬件制造这么简单，而是生态圈形态的全面包围。在平台模式不断颠覆传统的时代，音乐产业已遭到来自非音乐企业（如苹果）的颠覆，手机短信功能遭非移动运营商（如腾讯微信）的取代，机票酒店商遭非旅游业者的压迫，电视台的角色遭跨界业者（如优酷）的取代，即时通信软件遭微博替代，信用卡受到手机钱包的挑战等，类似的例子层出不穷。

多数人或许已感觉到这股前所未有的变化，却尚未意识到此潮流已全然改写了历史：人类的商业行为在过去极短一段时间内，已经与数千年来的商业惯性脱钩了。

互联网模糊了人们熟悉的产业定义，过往的政策拟定、战略制定方针都面临严峻的挑战，威胁者可能从任何方向包围过来。“覆盖”的概念以如此彻底的规模横扫全球，渗透人类行为的每个角落。这在人类历史上是前所未有的。没错，过去数千年间，跨行业的商业颠覆行为确实时有发生；然而在当今时代，全面覆盖性的商业战争笼罩着全球市场，而且从这一刻起，企业所面对的战略威胁从此不再相同，也不再像过去那样单纯了。

从这个时代起，就算是以硬件制造为核心竞争力的企业，也不得不留意软件开发商的动向了。就像安卓系统击垮了昔日手机大佬诺基亚的市场占有率；苹果的iPad融合App Store、iTunes等生态体系，完全扼杀了各大手提电脑制造商的生存空间。更夸张的是，线上搜索商谷歌已将触角伸向汽车制造领域。这样的情况别说十几年前，在历史数千年间都从未发生过；然而在当今，这样的情况却逐渐成为常态，人们已见怪不怪。

我们不能只将这些现象视为硬件软件之争，而是谁能打造出具有覆盖力的生态体系，谁就更有机会达到“赢家通吃”。

某些早期通过特殊定位巩固了用户基数的平台企业，已拓展出多维度的庞大生态系统，如腾讯的通信信息、百度的搜索、阿里巴巴的电子商务。它们主导着不断扩张的用户数量，得以将人流引向生态圈中的任何地方。也正因如此，这些“巨型生态圈”几乎可以覆盖到任何与它们相关甚至无关的业务领域。视频产业、在线阅读、电子贸易、口碑点评、创意设计、新闻百科等现代生活的所有领域，均被潜在的“覆盖”阴影所笼罩。

国外的平台企业已频见冲突，战火燃烧到世界的每个市场角落；而在中国，这样的战局更加激烈，完全是一场前所未见的大混战。近几年崛起的微型博客、社交服务平台SNS、地理位置服务平台之间出现的彼此覆盖的迹象，甚至连团购平台、点评平台、优惠折扣平台也陷入战局，生态圈之间彼此相互侵蚀，大量推出重叠的业务功能与多元服务。战略的拟定不再是分析上下游产业竞争者这么简单，因为对于平台企业而言，许多界定客户、用户、合作方、竞争者、威胁者的方式都已改变。

以“覆盖”为基础的非传统冲突的竞争模式——平台战争——已全面点燃。

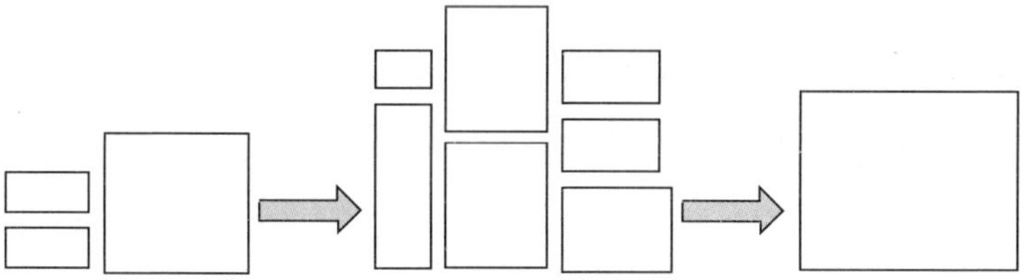

图 6–1　传统产业链的竞争格局

注：分界相对清晰、线性的产业格局。威胁来源也相对单纯。

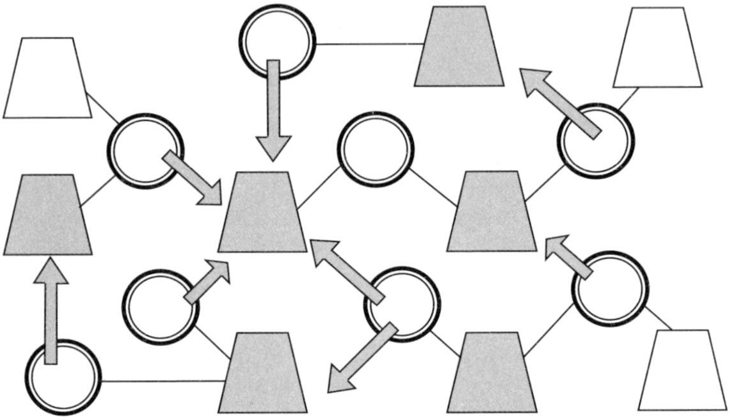

图 6–2　平台时代的覆盖战争格局

注：分界相对模糊、产业格局混乱且急速变动。威胁可能来自任何方向。

“覆盖”的原定义

“Envelopment”一词源于军事用语，指的是通过各种包围战术的奇袭，有效覆盖目标敌人的所在地。通常这种战术所带来的效果是截断敌人的补给线，甚至是一举歼灭对方。该词也逐渐被商业学术界运用，但各方学术著作的说法尚未达成一致。

本书选择采用非常简单直接的定义：“覆盖”代表一个平台企业通过自身的优势，袭击处于不同领域的平台企业（可能是邻近产业，也可能是毫不相关的产业），通过捣毁对方的利润池来瓦解对方的市场掌控度，进而吸收对方的市场客源。

利润池是一个企业主要的赢利管道，也是该企业商业模式、赢利模式的核心。若利润池遭劫，等同于战场上补给线被直接切断，其结果可想而知。

就像当初的军事术语一般，袭击目标对手最核心的部位往往会带来最佳的效果。而在平台模式充斥整个商业界的今天，这样的现象正暗示着一个十分严肃的事实：对某企业产生严重威胁的潜在对手企业，往往来自于毫不相干的产业领域。这是为什么呢？

因为诞生于不同产业的企业，它所拥有的核心价值与赢利模式必然迥异，它们往往会运用从其他渠道补给而来的利润空间放手一搏，直接以高度补贴（甚至是完全免费）的战略来破坏你的利润池。

抢夺利润池

这里我们必须回归到本书开头所阐述的重点——补贴模式乃是平台战略的核心。良好有效的补贴模式将决定哪方群体容易流失，哪方群体可以成为锋利的兵器。

90 年代互联网刚开始被大众接受时，网景一度占据全球 80%以上的网页浏览器份额，[153] 连续将近 10 年坐在产业龙头的位置上。然而网景万万没有预料到，它最大的威胁竟来自微软。在当时，个人电脑大多使用视窗操作系统，而微软通过这样的优势大力推广自己的浏览器 Internet Explorer（浏览器，简称IE）。两年间，IE的市场份额直线飙升，超过 50%；网景的市场份额则跌至 10%以下。

许多人或许都听过网景和微软浏览器之争的故事。然而在那段产业发生变革的时期，其背后隐藏的正是利润池之战。网景之所以战败，是因为它别无选择。网景的赢利模式建立在 100%销售浏览器软件之上，一套软件的套装价格约在 50~80 美元不等。[154] 反观微软，通过 Windows 与 Office（办公软件）等系列产品来创造利润，得以实施“战略性补贴”，用以“免费”提供IE浏览器给用户使用。此举让网景慌了，它采取一系列的对抗措施，设法通过折扣贴现等方法，同样以降价为诱因来留住不断流失的市场。然而到最后，这一切都是无益的，因为微软将网景的唯一获利来源给切断了，它的补贴战略凶狠而无情。

事实证明，以免费策略吸引用户转移是最有效的战术。然而微软真正获胜的原因在于，它采取了全面的生态圈战略：绑定操作界面系统、文件处理工具（Word与Excel）、商业工具（PowerPoint和电子邮件处理软件等），完全迎合用户的使用习惯后，最终再水到渠成地推出免费浏览器IE。

以往浏览器在市场上都以收费为常态，却在一夕间突然免费供人下载，此举瞬间改变了市场与产业格局。可想而知，网景的利润池必然大受打击。在没有其他获利方法来支撑企业运营的情况下，2002年的网景一度差点从市场完全消失。

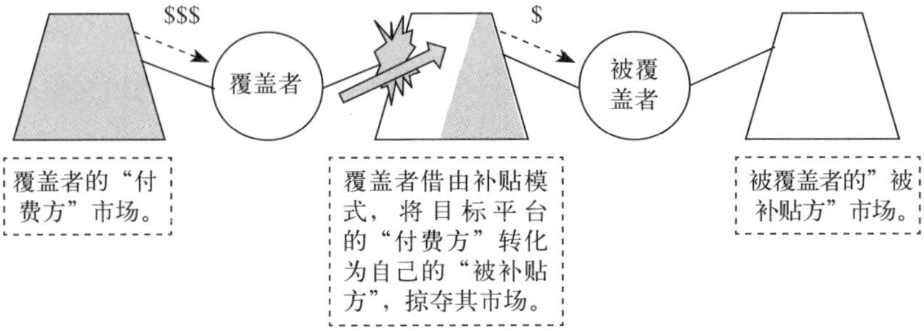

图 6–3　平台的覆盖

注：覆盖者通过其他利润来源，以高度补贴策略（多为完全免费策略）掠夺目标平台的生命线，将其“付费方”转化为自己的“被补贴方”。

在平台生态圈战况混乱的今天，这个故事给了我们相当好的启示：一旦赢利渠道遭截断，利润池的水被吸干，企业只能缴械投降了。

因此无论你的企业是以传统模式或平台模式来经营，你都必须清楚了解自己的利润池分布，并且随时留意哪些直接竞争者或周围企业的利润源头出现了战略性的变化。

在以往的商业竞争格局里，竞争企业彼此间以类似的方式争夺有限的利润。然而平台商业模式却带来了前所未有的冲突方式：这些“覆盖”而来的对手，他们的战略并非要夺取你的利润——事实上，他们另有赚钱的计划。这些覆盖者打破以往的产业形态，直接破坏你的生存补给线，为的只是吸取你的市场人流。

案例：360与QQ之战

奇虎360（www.360.cn）是个提供互联网安全工具的企业。它之所以特别，是因为它提供了高效能，而且堪称“永久免费”的杀毒软件。刚进入市场时，此举便惊动了所有防毒软件产业大佬。

早在2006年，市场由众多杀毒软件公司分割份额，其中瑞星科技（29.3%）、赛门铁克（27.5%）、卡巴斯基（16.5%）领先。[155]360的加入不仅改变了竞争格局，更颠覆了整个产业既有的概念——2009年10月，360发布对一般消费者永久免费的“360杀毒”软件，它完全抛弃了过去防病毒软件需要用户键入激活码的传统，堪称是第一款真正永久免费的杀毒软件。[156]那些以销售防毒软件与后续服务为生的企业，纷纷受到影响；尤其是长期盘踞产业首位近9年的瑞星，市场占有率逐步缩水。而360杀毒软件刚发布的第一个季度，这位颠覆者便以33.76%的份额跃居市场首位。[157]2010年年初，360杀毒软件的下载用户规模已超过1亿，此数字不到半年内便增为2亿。[158]到了该年9月，360已俨然突破临界数量，以62.36%的份额霸居中国的防毒安全产业之首。[159]它旗下的安全工具，包括360安全卫士、360安全浏览器等，其用户占中国网民的比例高达90%。[160]

360还找到了成功的赢利模式——找商家来登广告。2011年第二季的营收便达3 510万美元，净利润也高达1 110万美元；而广告利润占360总利润的76%，[161]总额竟超过四大门户中的网易。

2010年11月所爆发的“腾讯与360之战”（俗称“3Q大战”），引来国内外众多网民与企业的关注。但许多人或许不知道在那场天翻地覆的冲突背后，正是因为利润池纠葛才引发的战端。

腾讯的生态圈在数年间已拓展为多元、丰富的庞大帝国。生态圈的核心建立在即时通信软件QQ之上，依此串联起其他平台的服务。握着高达6亿的活跃用户数，腾讯还涉足了新闻门户（QQ.com）、电子商务（paipai.com）、游戏（games.qq.com）、搜索（soso.com）、微型博客（t.qq.com）等诸多领域，总体来说覆盖了高达90%的中国网民。[162]强大的生态体系、触角分散的赢利模式，腾讯打造出几乎可以从任何角度出击、有效覆盖目标产业的综合性平台。可想而知，腾讯也尝试推出电脑防护软件，包括“QQ医生”，以及进化后的“QQ电脑管家”。

360立刻注意到，腾讯所推出的软件拥有查杀木马、系统测试、病毒防护等功能，业务区块与自己高度重叠，对其构成了前所未有的威胁。

若比较这两个平台企业，我们会看到，360提供免费防毒杀毒软件，再从其他增值渠道、开放式平台渠道赚取赢利，这是典型的平台战略模式——将核心优势以免费的补贴策略双手奉送给用户，等用户规模抵达临界数量，并拥有口碑黏性之后，再通过额外的增值服务及广告获利。同样，腾讯也以相同的模式搭建起了自己的生态圈：用户能够免费下载QQ即时通信软件，却可能从与它相连的社交平台“QQ空间”缴付会员费，或自“QQ秀”缴付增值服务费用等。换言之，腾讯和360所采取的策略大同小异，不同的只是他们以补贴战略所推广出去的触角性质而已，而这却同样对竞争者的利润池构成了潜在威胁。

在“3Q大战”中，360推出的“扣扣保镖”，其功能包括“禁止侧边栏位面板，为QQ界面保持清爽”，“清除非必要组件，加速QQ运行速度”，“屏蔽QQ弹窗”等——全是去除插件的功能。更严重的是，“扣扣保镖”甚至还有“过滤QQ软件广告”的功能；许多腾讯的“付费会员”享有免看广告的特权，而360这款软件让QQ会员不必付费就可以屏蔽掉广告，破坏了腾讯的利润计划。[163]我们姑且不论双方就恶意软件进行“口水战”的用意为何，事实是，360此举将严重打击腾讯的核心命脉：剥除了所有增值服务及广告，QQ将成为一款赤裸裸的免费软件，无法利用人流来灌注利润池。“扣扣保镖”软件在推出短短3天内即被下载超过2 000万次，且一直呈现增长之势，这着实惊动了腾讯。[164]

情况已超乎了腾讯的想象，触碰到了其最敏感的神经，导致腾讯不得不选择最激烈的回击方式：公告所有用户，除非卸除电脑中的360

软件，否则将强制停止QQ的运行。

此举使这场覆盖战役升级到了水火不容的地步，也使这场大战成为中国互联网史上最严重的对抗案例之一。而在用户的角度看来，必须在依赖已久的通信工具以及安全防范工具之间作抉择，此举可谓撕心裂肺。此时，大众才初次体验到平台生态圈之间展开覆盖战争时所释放出的那股爆炸性的力量。

试想，像腾讯这样一个霸占众多领域的平台帝国为何会采取如此激烈的手段？其原因在于，当利润池的命脉遭受攻击，其产生的结果很可能影响整个生态圈的生死存亡。

而360与腾讯的纷争，最终还是在政府部门的介入之下，才使得战事平息。然而所有互联网行业在这两家公司的攻防战中均得到了启示：利润池的所在，以及通往利润池的各渠道，维系着生态圈的生存，是必须誓死防守的命脉。即使是一家规模不大的新兴平台企业，也有可能对庞大的互联网帝国造成颠覆性威胁。

小结：保护利润池免受覆盖威胁

无论一家企业是否运用了平台商业模式，都必须随时警惕覆盖者的出现。

覆盖者通过聪颖的补贴战略，提供免费的产品或服务，并以此为诱因吸取用户并绑定他们，颠覆其他以这块市场为利润基础的企业。等到对手撑不下去，这些覆盖者便可以名正言顺地吞并此市场，将其纳入自己的生态圈之中。

各平台企业的利润池来源均不同，因此我们看到平台产业间相互呈威胁之势，在切断对手利润源的同时，自己又必须积极开拓新的利润池，避免新的覆盖者在不经意间从无法预料的领域出现。

这是高度混乱的产业战争局势，也是平台战略深具魅力之处。

覆盖威胁来自何方？

案例：携程旅行网

创立于1999年的携程旅行网（www.ctrip.com）是个提供旅游产品订购与信息解决方案的平台企业。它以商务人士、自助旅行人士等散户客群为主，协助人们订购机票与酒店等产品。

携程的“被补贴方”是上述拥有旅游需求的消费者，为他们提供远低于市面价格的酒店与机票。生态圈里的“付费方”则是酒店、机票销售中心等供应商，在通过此网络进行分销之后，拆分一部分佣金给携程。也就是说，携程本身并没有购入这些旅游产品，仅扮演信息平台的角色，提供信息整合、价格对比等服务，将产品以低廉的价格（有时甚至是低于成本的价格）分销给有需求的消费者。可想而知，通过携程的线上分销渠道，供应商得以接触到庞大的消费者群体。而携程的聪明之处在于，它懂得如何掌控自己连接的双边市场，以累积的消费者基数为平台话语权，强迫供应商拿出非常具有吸引力的低廉售价。许多情况下，携程甚至规定供应商的门市价不得低于平台里的售价；在特殊条件下，某些酒店甚至被要求提供免费房间——对酒店来说，过夜后的空房就等于耗损成本，而它们通常会答应携程的要求。因此，这些低价甚至免费的产品转而成为携程生态圈中吸引消费者的利器，这是一种反向话语权，可使企业稳操胜券地加速扩充用户数量，达成正向循环并突破临界数量。携程于2003年在美国纳斯达克成功上市，其业务范围跨越了上千座城市、数万家酒店；其生态圈在2002年仅拥有300万名会员，这个数量到了2010年却增长了10倍，注册会员突破了3 000万。[165] 其收益也从2006年的7.7亿人民币逐年成长至2010年的28.8亿人民币。[166] 论市场份额，携程已数年维持在50%左右，①占据市场冠军的位置。[167]

回顾全球旅游市场，我们会发现，在西方，通过网上订购的比例超过50%，而中国在早期却连5%都不到。过去这段时间，中国旅游服务业乘着互联网崛起的大浪，网上订购的比例逐步占据整个旅游产业的30%。携程在其中作出了巨大的贡献。

然而，当旅游订票这块“大饼”有利可图，竞争者也从四面八方涌现。艺龙旅行网（www.elong.com）、芒果网（www.mangocity.com）都是同质度相当高的竞争者，它们积极与携程争食这块市场。而青芒

① 携程2010年第一季度至2011年第一季度五季的份额，分别是55.6%、53.6%、51.2%、49.3%、47.3%。

果旅行网（www.qmango.com）则是个拥有特殊定位的平台，它将自己服务的价格区间定位于20~300元的经济型酒店，集中力量深攻大众市场。与携程在线订购、抵达酒店才缴款的情况不同的是，青芒果会先收取订金，这是其与携程的差别之处。

但携程所面对的威胁不只是这些或深或广的同质竞争对手，来自其他产业的覆盖者，也不断垂涎着旅游这块持续膨胀的“饼”。

阿里巴巴便是个骇人的覆盖者，其旗下的“淘宝旅行”（trip.taobao.com）正是携程的大敌之一。以往，携程通过操控双边市场的交易来抽取利润，佣金分成为其赢利模式，支撑着平台的成长；然而淘宝的优势在于其以网店为核心框架的生态体系，它可以从电子商务及其他来源获取利润，没有汲取旅游产品交易佣金的绝对需求。它仅将拥有强大消费者基数的平台开放出来，让众多航空公司、酒店进驻线上店铺，进行免佣金的直接销售。[168]因此，在淘宝上销售的酒店机票产品，价格比携程更加低廉，这吸引了包括原本属于携程的老会员转换平台。

不仅是阿里巴巴旗下的淘宝网，就连腾讯也涉足了旅游这片沃土。“QQ旅游”（go.qq.com）吸引了诸多腾讯生态圈中的老顾客使用，并以现金返利为诱因，提供低廉的酒店、机票订购价格。用户只需使用QQ账号登录，便能享有这一平台的多元功能。而淘宝、腾讯等大规模平台企业的一贯手法，是凭借其已坚实的赢利渠道，进入一个新产业，推出高度补贴的免费服务，进行颠覆。我们将在后面谈到这类“多环状生态圈”。

此外，属于旅游行业的垂直搜索平台“去哪儿”（www.qunar.com）、“酷讯旅游”（www.kuxun.cn）等，其商业模式也与携程截然不同。用户可以通过输入特定条件，对酒店、机票等搜寻结果一目了然，针对价格、优惠、时段、点评等内容进行有效比对。去哪儿网并不是自己卖机票，它利用介绍消费者到卖便宜机票的网站赚取“广告收入”。这种垂直搜索平台通过内容来吸引消费者、消费者吸引广告商的三边模式，提供广告投放机会来获利，因此利润池的结构与携程有本质上的差异，确实具有覆盖者的潜力。事实上，有研究报告指出，到2011年，去哪网的访问率高过了携程，[169] 已具备侵蚀携程主要获利来源的能力。

此外，还有以景点票务销售、游玩信息推广为赢利方针的驴妈妈旅游网（www.lvmama.com），它提供一站式自助游配套服务，也因此涉及了在线酒店销售业务。就连同城网等日常生活分类广告平台也进行特价机票、酒店，甚至是国内外旅游的分销。而手机运营商也加入战局，比如中国移动的“12580”服务提供了机票、酒店的人工预订，这与携程的呼叫中心业务高度重叠；由于主要利润源于话费、短信及增值服务，使得手机运营商在这方面拥有天然的补贴优势。

而在中国，所有订票体系均需通过中国民航信息网络公司（www.travelsky.net）的系统，其提供的技术服务、航空客运业务、数据处理、互联网旅游平台等多方业务，使它掌控了强大的机票分销优势。而中航信也踏入了酒店分销领域，开通“航旅通”平台（www.sohoto.

com)，这无疑对携程是种威胁。甚至包括美国运通、嘉信力等国际知名的商旅管理公司，也与携程抢夺机票酒店的总体业务；[170]许多在中国的跨国企业，由于总部是美国运通的客户，中国分公司便无条件成为其客源，[171]这对将商旅业务视为赢利核心之一的携程来说造成了严重打击。

由上述携程旅行网的案例，我们可以清楚看到“覆盖者”可能来自任何地方、任何产业。它们的利润来源可以是广告，可以是互补或非相关产品，也可以是另类的分销渠道，甚至可能源于某个更大的生态圈。这些覆盖者以各自的独特优势作为战略补贴，创造出有利的定价优势或流量优势，覆盖并抢食携程的市场。

为了对抗从四面八方涌入的竞争对手与覆盖威胁，携程采取了几项对策，包括提供更多增值服务、选择时段大幅降价，以及组织“星程酒店联盟”来整合特定的酒店供应方。此外，携程打造旗下的附属平台驴评网（www.lvping.com）：这是一个以点评机制与社区功能为主的网站，目的在于增强消费者用户边的同边网络效应，并以信息内容的发表来建立用户的归属感和转换成本。

在驴评网中，用户可以搜寻旅游景点的攻略，并记录下自己的游玩历程，分享照片与点评。该平台的社交机制还让用户拥有一份专属的电子世界地图，可以标出自己去过的每一个地方，这有效地反映出现代人对旅游的渴望，鼓励用户间彼此进行心得交流。更诱人的是，驴评网打出“结伴同游”布告栏，让陌生人也能自行组织出游团队。

这些丰富的机制充分激起了同边网络效应，也在不知不觉间酝酿着用户的转换成本。同时，驴评网为携程提供了更多的潜在赢利可能，包括分类广告、增值信息等渠道，分散既有利润池遭完全覆盖的风险。

侦测覆盖威胁的来源

“覆盖者”给平台企业带来的威胁可能来自任何领域。我们根据一家平台企业与周遭潜在覆盖者的相对关系，可以归纳出几种来源。

首先，对你的平台企业产生潜在威胁的企业，可能来自于和你息息相关，或者完全不相关的产业。在相关产业中，又可以分为与你处于水平关系或是垂直关系的企业。水平代表对方与你的企业本质相近；对方所提供的产品与服务和你的企业具有互补（合作）关系，或是替代（竞争）关系。而垂直关系则表示对方与你的产业环节处于不同维度，但时常出现既竞争又合作的暧昧情况。如图 6–4 所示：

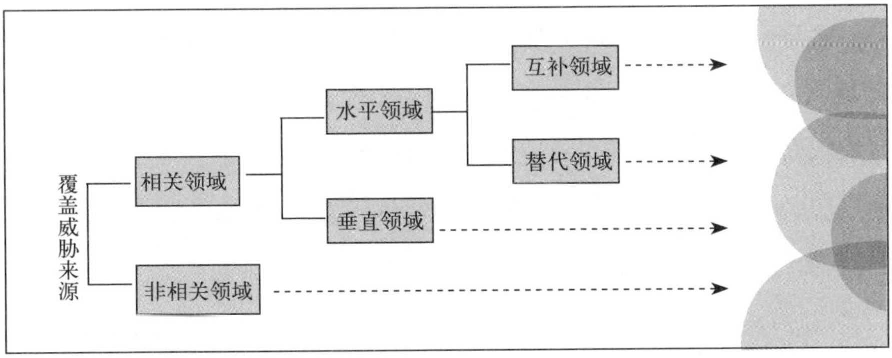

图 6–4　覆盖威胁来源图

“从同伴变为敌人”——来自互补领域的覆盖者

提供互补产品与服务的相邻产业，因为彼此了解而易于进入对方的领域，展开覆盖战争。

比如，机票预订业和旅游资讯业具有高度互补关系，需要其中一项服务的出行游客，通常都会对另一项服务有需求。互补产业之间原属合作关系，经常通过打包方式吸引消费者。他们属于共同把市场做大的同伴。然而正因为过度相邻，声息相通，互补企业最有可能随时跨入彼此的领域。比如中国国际航空切入了企业出差旅游的管理服务，提供酒店预订分销；[172]南方航空也跨入了旅游业，在其网站上提供自由行与度假旅游预订服务。[173]

另一个例子是手机的硬件与操作系统。微软和谷歌分别凭借Windows与安卓操作系统，取代了传统硬件供应商过去的地位，吃下大块市场份额。谷歌推出了自有品牌手机Nexus One，微软也开发了自己的平板电脑。

值得一提的是，平台时代的特性之一，便是“互补”的传统概念发生了改变。当产业疆界逐渐模糊，各种附加价值均可能对生态圈产生难以预料的辅助作用时，随之衍生的威胁也可能无限扩张。正因如此，各平台间的发展也激发了以用户数量为衡量基准的覆盖战争。

比如，在科技进步带动下，折扣优惠服务与位置追踪服务出现了高度的关联性与互补作用。点评业务也被卷入这场斗争中。因此，街旁网、玩转四方等实体位置追踪平台，与维络城、大众点评网、爱帮网等折扣点评平台被迫与彼此产生冲突。同时，团购网站如美团网、糯米网，因为业务性质与上述折扣点评平台具有互补效用，成为另一波冲突的覆盖者（或被覆盖者）。再如拉手网，在初创时便以位置追踪服务和团购服务的模式为主打（即国外的Foursquare加Groupon模式），充分融合了这些互补的领域来吸引用户。

“次要敌人成为主要敌人”——来自微替代领域的覆盖者

对用户而言，某些相关产品与服务有交互使用的替代性，在技术含量、核心优势等方面都存在着一定的重叠，这就为战略覆盖提供了契机。早在2006年，谷歌的电子邮件系统Gmail便引进内建的即时通信功能（目前称为Google Talk）。电子邮件与即时通同属信息传播工具，双方之前各司其职，只有轻度替代使用的特性。但当谷歌发展了Google Talk后，便侵蚀了即时通信系统的利润池。因为谷歌的利润池建立在成熟的广告系统之上，在即时对话软件业务方面并没有赢利的压力，因此得以通过补贴战略进行市场覆盖。

拥有某种可替代关系的产业之间，原本存在着间接的竞争关系，然而当一方开始通过补贴模式袭击另一方的利润池，彼此的覆盖范围变得更广时，这种间接敌对的关系便升级为直接敌对。

以职业社群为核心的社交网站天际网（www.tianji.com）与招聘网站前程无忧便属于这种可间接替代的关系。国外的“Monster.com”与“LinkedIn.com”也属于此性质。事业蒸蒸日上的专业人士，通过职业社交网站展现自我成就，而此类平台成了他们广交朋友的场所，其主要目的并不是找工作。但有些企业发现从在职的人群中挖角，比去招聘网站中找寻的待业人士更优质，可选择的人群范围也更广大。因此，天际网的职业社群平台有可能会对前程无忧等传统招聘平台产生覆盖威胁。

而基于同样道理，支付宝之于网银、在线视频之于电视节目、线上购物之于邮寄购物与电视频道购物，都具有替代性，它们依此覆盖了对方的用户市场，双方的战况越演越烈。

“竞合关系的激化”——来自垂直维度的覆盖者

若我们说水平领域代表相邻产业，那么垂直领域则属于不同维度，是来自不同高度的战略包覆。他们之间存在着既竞争又合作的特殊关系。

导航网站是个典型的例子。以团购为例，团购导航平台搜集众多团购网里的人气项目，并以一目了然的界面将其呈现，让用户迅速找到吸引自己的产品或服务，点击后即转往对应的团购平台进行下单。而导航网站这种类似入口门户的平台，其商业模式与普通的团购网站有着极大差异：它无须直接与商家交涉，赢利模式通常来自导引客户群后的订单分成，或是通过广告赢利。因此，这些导航平台无论是在营运成本还是在利润结构上均占据特殊优势。

从用户的角度来看，导航网站和普通团购平台所提供的服务却无多大不同，它们满足用户需求的方式也并无多大差异：用户真正在乎的只是能否找到心动且便宜的产品罢了。他们以导航平台为初始切入点，非但获得了琳琅满目的商品信息，也没有任何转换成本或条件义务。这是导航平台的天然优势，也是其成为覆盖者的一大利器。

然而，对于团购平台企业而言，导航网站却是一种暧昧的存在。它既帮助团购网站引来客源，同时又可能分流客源到其他竞争者的网站，因此，它同时具有互补与替代的效益。可以确定的是，导航平台一旦壮大，必定会对原有平台造成威胁，挤压其利润空间。中国国内的团购导航平台如团800

(www.tuan800.com)、北京的三妈妈网（www.3mama.com），以及奇虎360旗下的360团购导航网（tuan.360.cn）即是如此。

而覆盖范围更大的综合式导航网站更具有门户的特性，它集合了各类知名网址，以简洁的界面为用户提供一站式的便捷服务。用户无须记住任何烦琐的网址，便能有效找到网站入口。导航网站通过精准的广告销售来赢利。目前在中国，这类综合的导航网站包括好123(www.hao123.com)、去哪儿等。

“毫无预警的颠覆”——来自非相关领域的覆盖者

以前，各种即时通信软件必须担忧的对手只有同质的竞争者。MSN曾取代风靡一时的ICQ（网络呼叫器），然后与雅虎通激烈竞争，而中国则由QQ引领市场。

然而覆盖者进来了，新浪是个门户平台，是提供新闻信息的在线媒体。信息门户、即时通信工具两者间的本质迥异，原本并无竞争关系，甚至可以说是属于毫不相关的产业。然而，当新浪开始着手微博的业务时，一切都改变了。如前面所述，微博在本质上可视为以个人为中心的微型媒体，因此以媒体起家的新浪进军微博，看似是天经地义的事。然而就功能而言，微博为使用者提供了即时发布私人信息与公开信息的机制，瞬间与即时通信工具的服务价值重叠。同时，公开信息还能引来陌生人的关注，有助于提升网络效应，因此迅速获得了大众的青睐。由于微博包含着强烈的生活信息，人们容易将社交圈里的交友关系挪移进来，在微博平台上与彼此进行信息分享，因此交谈互动便逐步成为常态。从用户体验的角度来看，微博代表单纯的信息交流与传播，就某方面而言也威胁到QQ软件五花八门的增值利润机制。

除此之外，越来越多原本看似非相关领域的平台企业也涉足了即时通信业务。比如，阿里巴巴集团所开发的商务沟通软件“阿里旺旺”就是一例。近几年兴起的第三方应用程序，更带着隔空出世的颠覆姿态降临，例如，移动聊天工具“WhatsApp”（网络信使），可支持iOS、安卓、塞班、黑莓机等各大智能手机系统，让用户得以随时随地聊天。而在中国市场，则有中国移动的“飞聊”、腾讯的“微信”、小米科技的“米聊”等应用，活跃用户已突破数千万。3G（第三代移动通信技术）网络与智能移动终端的兴起，使即时通信工具获得了成功，改变了用户以往只在电脑前使用类似工具的习性，也颠覆了即时通信产业的传统疆界。

多环状生态圈的覆盖

对于所有的平台企业而言，最大的威胁来自拥有复合式、庞大生态圈的集团性企业。例如阿里巴巴、腾讯、百度，均是发展良好的大规模平台，触角延伸甚广，涉足的领域多到难以统计，且不断推陈出新。国外则有微软、谷歌、亚马逊、苹果等。它们的平台体系多为复合形态，是以为数众多的软硬件生态圈串联而成的，我们将其定义为——“多环状生态圈”。

这类多环状生态圈往往拥有难以推翻的优势：由于规模已覆盖至诸多领域，其利润来源分散而多元，无论是面对威胁还是主动出击覆盖对手，均能作出富有弹性的战略调整。也因此，这类平台企业一旦出手，往往会以高度补贴的免费模式争夺市场，可对任何目标直接带来生死存亡的挑战。

同时，对于一家将被覆盖的企业来说，多环状生态圈的每一个附属平台均有可能来自互补领域、替代领域、垂直领域，甚至是非相关领域，这将让

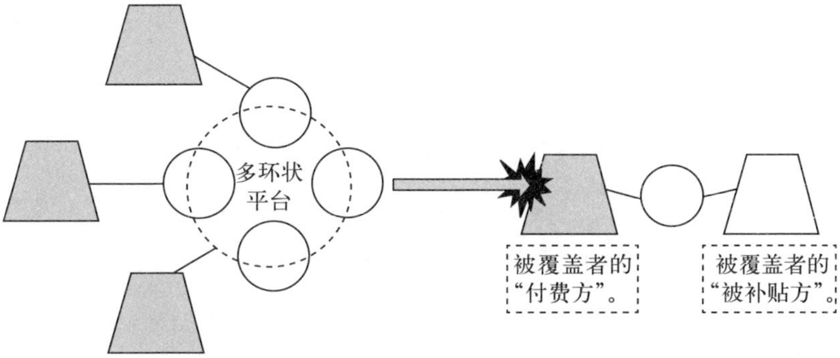

图 6–5　多环状平台的覆盖

注：多环状生态圈是由数个平台组成的庞大生态圈，通过多重来源汲取利润，因此可以抛出对手无法抵挡的补贴战略来抢夺市场。多环状生态圈就像一个不断成长的复合体，能随时对任何企业的"付费方"展开覆盖战争。而每个附属平台的被覆盖者可能来自互补或可替代领域，也有可能来自垂直领域或非相关领域，因此，对于赢利模式单一的被覆盖者而言，难以采取有效对策。

对手难以招架。

当然，多环状生态圈也有诸多不同模式。比如，腾讯（www.tencent.com）围绕着QQ打造一整串多环状的各式平台。我们若视QQ为位于中心位置的"核心平台"，那么在它外缘的"附属平台"则是搜索平台拍拍网、社交平台QQ空间、娱乐平台腾讯游戏等。QQ所连接的是大量的用户群众，也就是得以免费使用其即时通信服务的"被补贴方"。他们一度占有全中国八成的网民数量。QQ再将此人流分导至各个附属平台，而这些附属平台个个具有赢利能力，连接起付费用户，汲取利润并支撑整个生态圈的壮大。

同样身为多环状生态圈，阿里巴巴集团（www.alibaba.com）却采取相反的模式。核心平台淘宝网本身具有相对成熟的获利能力，而许多附属平台如口碑网、阿里旺旺、一淘网，相较之下并非以赢利为战略主轴；这些附属平台所扮演的角色是连接“被补贴方”，吸引更多用户的前来，并巩固核心平台淘宝网的竞争地位与赢利发展。

在这里，我们必须先提及一点。图 6–7 将支付宝也视为淘宝网的附属平台。虽然支付宝本身也拥有稳健的赢利模式，但若以淘宝网为中心来检视整个多环状生态圈，支付宝具有凝结用户信任、吸引用户流量的功能。关键是，多环状平台战略的发展具有个体平台间的相对性：当我们视其中不同的平台为中心，会得到不同的从属关系，这将影响整体的战略决策。

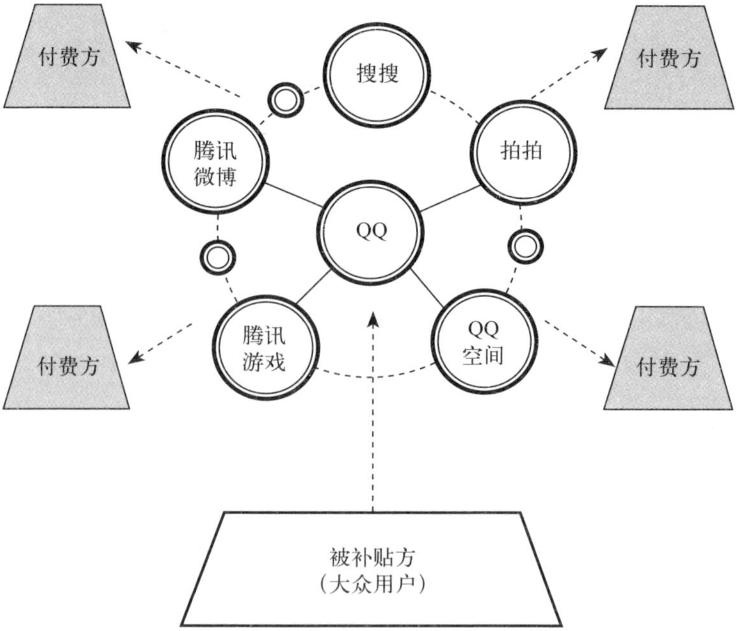

图 6–6　QQ 的多环状平台战略

注：若视QQ为多环状生态圈的中心，它将引来大量的用户流量，再将这一流量导往诸多附属平台中，通过它们实现多元化赢利。

上述两个例子，QQ是“由内到外”——从核心平台向外围平台疏导人流的例子；淘宝则是“由外到内”——从外围平台引来人流，巩固核心平台地位的例子。

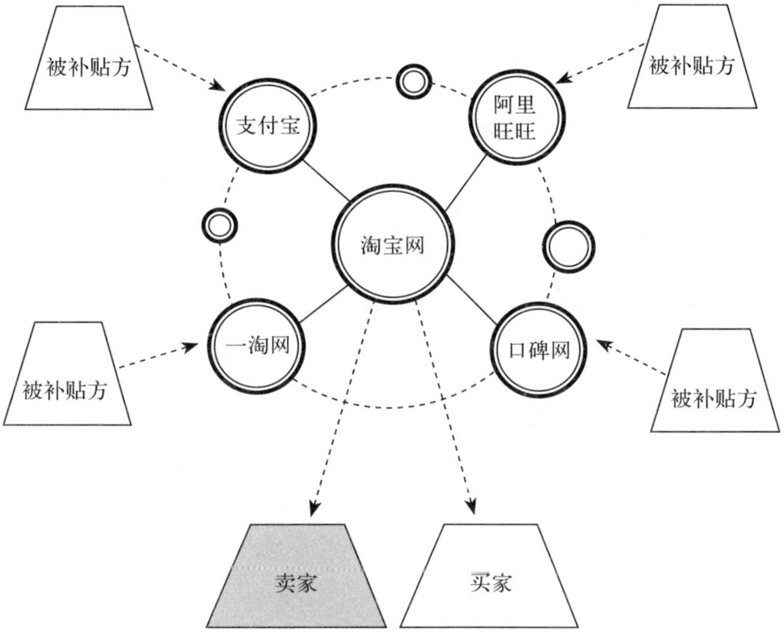

图 6–7　淘宝的多环状平台战略

注：若视淘宝网为多环状生态圈的中心，那么许多与之连接的平台便协助其捕捉用户流量，再通过核心平台淘宝网实现赢利。这与QQ刚好是相反的模式。

自立门户的威胁者

除了同产业的竞争者以及相异产业的覆盖者之外，每个平台企业都必须面对的挑战，还包括从生态圈内成长壮大后可能对其形成威胁的用户成员。

平台商业模式的精髓在于搭建起生态系统，供多边市场的成员彼此互动，增强整体网络效应。然而当生态圈里的用户成长到某个程度，累积起自己的话语权后，他们往往会考虑脱离生态圈而自立门户。例如，淘宝网中某些知名商家，一旦建立起口碑与品牌，有足够的买方基数，往往会思索着自创网站、自行营运，减少对单一销售平台的依赖，提供高性价比的时尚箱包购物商城“麦包包”以及中国领先的一站式家居用品网上商城“海狸网”即是先例。起点中文网中的明星作者，也曾跳槽到其竞争对手的平台另立门户，带着广大读者粉丝群一并离开。以本章节的携程旅行网为例，一些经济型酒店曾组织起自己的销售联盟，意欲脱离携程；曾经是携程供应商的航空公司也搭建起自己的机票销售网站，希望能掌握更有效的价格控制权，并对客户流量进行深耕策略。比较严重的是，某些成员在壮大后非但带走了市场流量，还可能另外开创多边生态圈，俨然成为覆盖者。比如，之前提到航空公司原本通过旅游平台分销机票，但最后除了脱离生态圈另起炉灶自行销售机票外，还切入了酒店预订与度假行程销售的业务。

平台企业的话语权来自对双边（或多边）市场的操控，作为把关者，平台企业是多方群体需求的中转站，许多时候更以此为赢利基础。而用户成员通过吸取生态圈的养分，一旦规模成长至某阶段，自然希望摆脱被平台绑定的义务：甩开交易佣金、会员费用等成本，或者希望不再履行平台企业设置的交易条件（如专供单一买家的排他性条款）。

中国知名经济型酒店汉庭、如家、格林豪泰等连锁体系，曾陆续发展出自己的会员与销售系统。以格林豪泰（www.998.com）为例，通过携程平台而来的客户曾一度占总客源的30%，格林豪泰却因此必须遵守携程的低价担保条款、垄断排他性条款等条件，以及支付高昂的交易中介费用。[174] 依赖平台的情况使得它们出现自然的隐忧，也担心平台扶持其他新兴供应商或自己投资供应商，不得不考虑另辟蹊径，因而在合作过程中与平台企业不时地出现摩擦。另一方面，特许加盟商在连锁品牌营业初期加入平台生态圈，与之相辅相成共同成长，这固然对平台企业有推波助澜的功效，但在其发展壮大后却有更强烈的动机退出生态圈自行营运：总部自然想在各地建立起自己的销售系统和市场渠道，因为这将使连锁品牌的总部对其加盟支部拥有更多掌控权。

来自生态圈内部的威胁，是每个平台企业必然会面临的挑战。情况严重者还可能威胁到生态圈的信誉和发展态势。

此时若拥有不同商业模式的覆盖者趁势加入战局，欲吸引那些有意跳槽的“知名用户”，将使情况更加复杂。比如去哪儿网等垂直搜索平台，由于利润来自广告而非交易佣金分成，因此能以更低廉的合作条件实施覆盖战略，直击携程的利润池，抢夺有心脱离携程旅行网的酒店与机票供应成员。

案例：移动即时通信应用程序

世界上第一条手机短信在1992年12月3日诞生，是由一位英国人通过烦琐的程序发给朋友的“圣诞快乐”的祝福。在那个以寻呼机(B.B.Call)为主流沟通工具的时代，这条短信的成功发送被视为壮举。[175]

时至今日，手机短信已成为被广泛使用的功能，是移动运营商的利润池中所占比例最大的一块。据统计，2011年全世界发送的短信共有61 000亿条，产值高达4 270亿美元。[176]

而在中国，光是中国移动与中国联通两家运营商，每日的短信利润已破1亿元人民币。事实上，早在2006年，中国的手机用户就以平均每位用户每年发信967条，位居世界之冠。该年的短信总数达4 296亿条。[177]到了2010年，中国手机用户的短信发送量超过了8 200亿条。[178]

近几年来，由于智能手机崛起，许多新颖的工具取代了移动领域中人与人之间通过文字传输的即时沟通方式。包括MSN、手机QQ、谷歌的Gtalk（谷歌即时通信软件）、脸谱网的Facebook Chat（聊天工具）、雅虎的Yahoo! Messenger（雅虎通），甚至是串联各种知名即时通信软件的应用“eBuddy”(聚合聊天)，都争相夺取这块领域。诺基亚有“IM for Nokia”（诺基亚即时通信软件），苹果也推出“iMessage”（通信服务），似乎每个平台企业都希望推出移动终端上的即时通信工具，成为保留用户的门槛机制。

然而真正对传统短信业务造成威胁的，是以“Kik”（www.kik.com）、“WhatsApp”（www.whatsapp.com）、“LINE”（line.naver.jp）为代表的第三方应用。我们以WhatsApp为例，它是个跨越手机终端平台的应用程序，在iOS、安卓系统、黑莓机等各大智能手机上都可下载使用。但WhatsApp最大的特点在于，它是建立在手机通讯录之上的社交系统。只要安装该程序，它会自动筛选出你手机中同样装有该软件的联络者。相较于Gtalk、MSN等以电子邮件为基础的“微弱关系网”，人们通常将手机通讯录视为信任程度更强的社交纽带。通过挖掘手机通讯录这一资源，WhatsApp为人与人间的关系网络提供了强大的增值特性。

而WhatsApp等软件的出现，直接与传统的短信业务发生冲突——以往用户必须承担的短信费用，被以数据传输为基础的低廉流量费所取代。

这类应用在全球网络均可使用，没有区域运营商、区域费用制度等复杂的障碍，既便宜又方便。因此WhatApp在短短几年内成为苹果App Store的付费软件里社交类别的第一名，并且跨越了5种以上的智能手机平台，每日以10亿条信息量流通全球。[179]

小米科技所创的“米聊”（www.miliao.com）将此革命性应用引进了中国市场，此举立刻惊动了以传统短信为利润来源的手机运营商，以及一直关注着“手机QQ”开拓成果的腾讯。在不得已的情况下，中国移动继而推出了“飞聊”，这虽然会侵蚀既有的短信利润，但至少能防止部分市场的流失，且能建立更多用户数据挖掘的可能性。而腾讯也推出了“微信”(http://weixin.qq.com)，并在功能上作出更适合中国群众的改进。

有数据显示，若以文字量来计算，花费10元通过此类应用所传输的大量文字，若换成传统的短信，则须花费140元。[180] 如此不成比例的使用成本，将驱动智能手机用户大量流向这类应用程序，严重侵蚀掉在运营商的增值服务收入中占比例最高的短信营收。

除此之外，这类应用还有几个特点，包括支持群体信息对话，这是传统短信无法做到的。而每一条发出的信息，用户都可以直接从界面上看见传输结果。以WhatsApp为例，信息旁若出现一个勾，则表示已发送至服务器，若出现两个勾，则表示对方已收到该信息。这是真正具有即时反馈效应的功能。同时，由于此类应用以电子数据为传输渠道，可以发送图片、档案、视频，比起传统短信更具有多媒体的性质。而用户可以为彼此发送语音文件这一功能，则让手机成了“对讲机”。微信就将此功能发挥得淋漓尽致。举个例子，微信内建的“漂流瓶”功能，让用户可以对着手机录一小段话，然后屏幕会显示一个动态图像，好似将你说出的信息装在一个空瓶子里，然后抛进海里……直到某个使用微信的陌生人“捡起”这瓶子，听见你的声音。

而你也能“捡起”其他陌生人的“漂流瓶”，听听他们所说的话（微信将随机抽取音档给你）。使用者可以选择是否回复对方；素昧平生的人们就这么搭上线，成为朋友了。同时，微信还设有位置追踪服务，让你能选择公开自己的位置，并找到附近正在使用微信的陌生人（画面会显示他们与你的距离长短），并选择是否与之交谈——这些全是微信通过建立起陌生用户之间的连接，激起人们的好奇心与使用循环率，增强网络效应的方法，这些方法十分奏效。

微信在2011年年底已拥有超过5 000万的用户。[181]腾讯不仅让微信的用户导入手机通讯录，还可以选择纳入QQ账号中的朋友，增强绑定效果与网络效应。

而针对这类应用的赢利模式，除了WhatsApp在苹果的App Store要价0.99美元，且曾提出安卓用户使用一年后将进行收费的可能性，其他如微信、飞聊等均完全免费。而来自韩国的移动即时通信软件“Kakao”（www.kakao.com）则通过为企业提供群体服务与广告业务，已实现赢利。

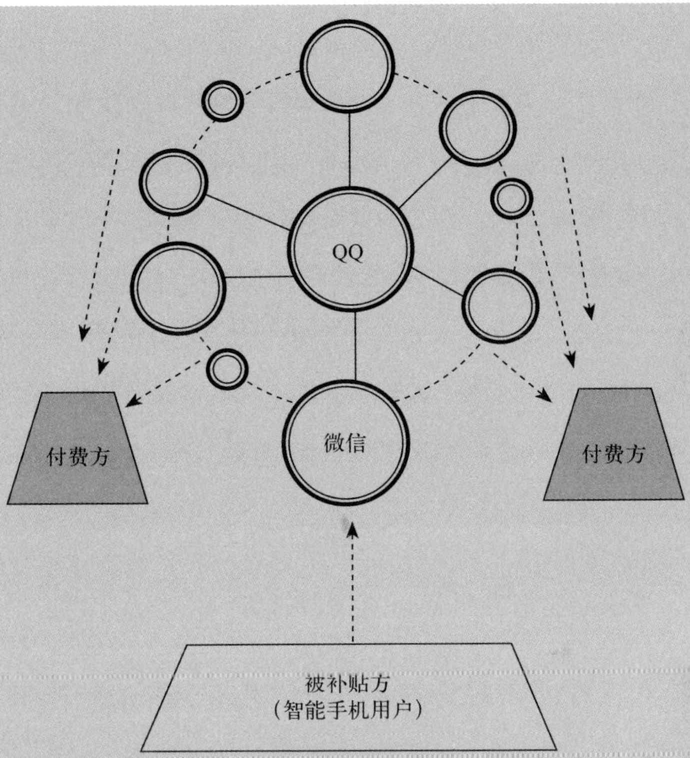

图 6–8　腾讯微信

注：微信是腾讯的多环状生态圈一个外缘附属平台。使用者是“被补贴方”，可以使用免费的智能手机即时通信服务。而微信与QQ账号间的绑定，更加扩充了使用者的社交资源，大幅增加网络效应与转换成本。

就中国国内的长期发展来讲，这类软件适合成为多环状生态圈的新增附属平台，具有强大的附加价值和用户绑定效应。

腾讯就是个典型的例子，由多种平台连接而成的庞大生态体系，其利润池多元而分散，有网游收入，会员增值服务收入，QQ空间、QQ秀、网络广告收入，手机音乐收入等多项来源。因此，腾讯能毫无后顾之忧地推广免费微信这个附属平台，发展出更多良好的用户体验，以庞大覆盖者的姿态出现，有效包围移动即时通信这块正被迅速挖掘的市场。另外，如中国移动等运营商，其利润来源有通话费用收入，语音业务、手机上网业务、移动数据业务等增值服务所带来的各项收入，这些汇集而成的优势同样得以补贴支援“飞聊”业务的拓展。

不难想象，多环状生态圈拥有独立的平台企业所不具备的优势，利润池充沛、风险分散，且已掌握既定用户流量，适合通过添加移动即时通信这类附属平台来进一步促进生态圈的壮大。

回应覆盖的对策

平台企业对抗覆盖最有效的方法，是针对对方的利润池进行反击，或者分散自我利润池的风险。除了通过自己的生态圈优势之外，还可考虑通过并购或结盟的方式来消解覆盖者的威胁。针对平台企业在覆盖攻防战时所能采取的策略，我们提出以下几种模式。

采取与对手相称的商业模式

大众点评网的商业模式是以点评启动同边网络效应，增加用户基数，然后当某个比例的用户转为正式会员，他们会被赠予积分卡，持卡消费可享折扣。大众点评网再从会员的持卡消费额度中，从商家那边收取 2%~5% 不等的佣金。[182] 此外，广告销售也是大众点评网的赢利渠道之一。其中优惠券的发行更是种隐性广告，协助商户进行促销。

团购平台的出现侵蚀了大众点评网的赢利渠道。它不再需要消费者持卡，只需在线下享受服务体验时拿出已购买的团购序号，便可获得折扣。而且由于团购需要网上先行付费，比起点评平台的优惠券打印，更能够精确统计用户数量与联络信息。同时，点评网站的核心“付费方”多是餐饮业商家，这与定位于高利润弹性的体验性商品的团购网站相抵触，两者因此直接陷入冲突。曾几何时，人们只要想购买低廉的餐饮或体验性服务，脑中最先想到的便是团购网站。

为了抵挡千百家团购平台排山倒海而来的侵蚀，大众点评网选择在既有生态圈中加入团购的功能。在人们查找餐饮服务的点评信息时，侧边栏目会显示出相关的团购项目以及折扣比例；当人们在浏览团购项目时，内容解析里也会出现点评会员的相关评价。因此，虽然大众点评网在团购这一领域是后来者，但它却能充分结合反馈与优惠的信息，兼顾用户所在意的“质”和“量”，提升人们下单的欲望。

平台企业遭受覆盖时，若有条件采取和覆盖者相匹配的商业模式，则能吓阻对方的攻势。在对手抢夺市场的同时，你也反过来侵占他的市场，直到双方达成某种平衡，或是通过其他战略改变僵局。

大家都耳熟能详的是，苹果iPad的出现大大侵蚀了亚马逊的电子书市场，亚马逊的反击策略便是和苹果采取相同的商业模式：2010年1月27日iPad刚亮相，亚马逊便在一周之后并购了一家名为“Touchco”的触碰屏幕新创公司。[183] 这让亚马逊在10个月之后推出能与iPad相媲美的彩色平板电脑Kindle Fire，更提升了第三方应用开发商在整个亚马逊生态圈中的战略重要性。同时，为了迎击苹果，亚马逊也改变了以往的补贴策略：之前旧款Kindle的硬件售价较为高昂，而用户下载某些电子书的费用却比亚马逊支付给出版商的成本还要低。[184] Kindle Fire颠覆了此种模式，一出世便以低廉的硬件价格闻名，并设法通过内容的销售来补贴，这与苹果以往的模式一致。我们在后面会有更详尽的解说。

其他的例子还包括携程、艺龙等旅游平台，它们积极开拓了点评功能，目的正是为了与覆盖各级酒店领域的点评网站抗衡。

分散利润池

遇上覆盖者，最糟糕的情况莫过于自己仅拥有单一的利润来源。一旦敌方采取凶狠的补贴策略，你所连接的每一边市场群体都将受到牵动，带着彼此成员转往敌方的生态圈里栖息。而当你的“付费方”开始大量转移阵地，你的生态圈将无法支撑自己的运营，只能不由自主地缩水凋零。

因此，防范覆盖者的一个良好方式，便是分散利润来源。

土豆、优酷等视频网站以往依赖影音广告为赢利命脉，但在搜索网站（如百度）、门户网站（如搜狐）等平台纷纷进入线上视频领域后，它们开始尝试从观众群体中收费（如付 1~5 元人民币可观看一部电影），这正是主因之一。同时，百度、谷歌从单单依靠搜索，进而拓展业务到各领域，也是基于此原因。

对于新兴平台企业而言，要发展多元化业务有相当难度，且欠缺多环状平台（如腾讯、阿里巴巴）的广大资源。因此，如何在既有的生态圈内使赢利渠道多样化，便显得至关重要。如果通过操控双边群体来累积话语权，并且在双方市场都建立起利润渠道，会使得生态圈在面对覆盖时拥有更多战略选择的弹性。同时，为“付费方”提供多元的价值，以陈列多重版本的收费方式，也会有帮助。比如维络城，除了通过追踪用户的消费行为与商家进行利润分成，还在各大商场的终端打印位置销售有限的“折扣广告”栏位。而面对消费者，维络城也贩卖用户必备的Velo卡。

值得注意的是，由于平台企业连接了众多群体，在当今市场边界逐渐模糊的局势下，分散利润池往往代表开拓新业务，也就表示你很可能踏入其他人（可能是相关或非相关产业）的领空，点燃新的战火。因此，权衡对你产生威胁的势力及你对他人所产生的威胁之间的比重，必然会成为决策指标。

简而言之，利润分散可以在既有的生态圈架构中采取不同的赢利模式，或是往外拓展新业务。但若原本的生态圈无论如何都无法有效分散利润池，那么下一个选择则是寻找适当的伙伴共同对抗覆盖者。

异业结盟

雅虎在90年代的飞跃成长，使其成为全球知名的门户网站。它以广告业务为赢利核心，包括横幅广告、连接广告等。然而雅虎对于搜索领域的忽视，给了谷歌异军突起的机会。谷歌以更加精确的搜索技术，迅速成为人们上网找寻资料的入口；它以搜索引擎的姿态取代了门户，扼杀了传统线上广告模式所开创的利润空间。人们在密密麻麻的信息海洋中进行浏览，只需要在谷歌的首页——空白、清爽的页面中央的小框框里，键入所需信息的相关字眼，便能有效获得以往难以寻得的信息。同时，谷歌也依此商业模式推出不同于以往的关键词广告模式，这对雅虎产生了严重打击。

当雅虎发现自己的广告模式遭到颠覆，它开始尝试重振搜索业务，却为时已晚。雅虎的搜索技术远远落后于谷歌，情况越来越严重。为了防止情况永久恶化，雅虎决定与过去的大敌微软进行结盟。微软研发的搜索引擎

“Bing”（中译为“必应”、“缤纷”）拥有多项技术优势。在 2009 年 7 月，两家公司基于搜索平台达成联盟协议，签订长达 10 年的合作协议，由微软提供搜索的核心技术，雅虎则提供独家广告，并共享广告所带来的利润。[185] 新加坡、马来西亚、印度尼西亚、台湾、香港等亚太地区的雅虎搜索网站，也逐一与Bing进行整合。在我们撰写本书时，谷歌依然占有全球 80%以上的市场份额。但雅虎与微软结盟，此举在某种程度上保住了搜索这块不能放手的业务，且让雅虎搜索引擎的市场份额呈现了成长之势。

另一个例子是移动电话产业。面对近年来苹果iOS与谷歌安卓系统对市场的强势瓜分，世界各地的手机运营商都感到了巨大的威胁。iOS的生态圈包括独特的硬件终端，以及App Store与iTunes等成熟的软件平台。谷歌的安卓市场也通过采取硬件端开放战略，成功渗透市场。苹果与谷歌打的都是生态圈覆盖之战，完全脱离了传统手机产业的竞争方式。在整个智能手机的产业结构中，运营商的话语权迅速遭到挤压，逐渐丧失优势。

在意识到市场趋势将朝以硬件支撑软件服务为核心价值的方向发展后，消费者最在意的环节将是智能手机的操作系统、多元应用等选择。这时，运营商才意识到，真正的战场已落在第三方应用领域。谁能打造足以长期吸引软件开发商的生态圈，谁就能拥有用户基数，进而主导整个产业的话语权。

因此，为了对抗苹果、谷歌的覆盖，中国内地的手机运营商中国移动联合了美国最大运营商威讯、英国最大运营商沃达丰以及日本运营商软银，建立起“联合创新实验室”（Joint Innovation Lab，简称JIL）。

联合创新实验室宣称其体系内的潜在用户加起来超过 10 亿，欲以此吸引开发商依循其规范来创建应用软件，这无疑是为了挑战被苹果与谷歌霸占的智能手机市场所掀起的生态圈之战。而四家全球大规模的手机制造厂——LG（乐金）、RIM（移动研究公司）、三星、夏普——也加入了联合创新实验室体系，宣布支持其开发的应用规范。[186]

到了2010年，联合创新实验室被纳入开放式应用平台联盟“Wholesale Applications Community”（大规模应用社区，简称WAC），并成为其核心，这使得WAC的体系更加壮大，在2011年拥有超过60多家相关企业的加入。除了上述几家公司外，后续加入的还包括中国联通、电信解决方案供应商华为、美国运营商AT&T Mobility、日本最大运营商NTT Docomo（移动通信网公司）、英特尔、索尼爱立信、无线通信技术研发公司Qualcomm（高通公司）。

基本上，WAC是个非营利的开源平台，扮演着移动软件集中地的角色，但在它体系中的成员则可以通过各自的渠道来销售那些软件，获取赢利，而消费者可以便捷地从手机账单里一次缴付下载费用。同时，赢利拆分模式也由每个运营商和开发商之间自行决定。[187]

我们可以看见，WAC动员集中了手机产业所有环节的力量，正是为了抵抗苹果与谷歌那两个原本与移动产业毫不相关的强大覆盖者。苹果与谷歌以生态圈战略完全颠覆了传统手机领域的线性产业链。对于墨守成规的成员们来说，苹果与谷歌覆盖而来的模式与速度根本难以想象，却在不到三年的时间内完全成为现实的梦魇。WAC的诞生，就是这些原来产业链中的成员决定集中资源，建立一个开源平台的反击之势。

本世纪的平台覆盖大战 —— 阅读体验的生态圈之战

碎片化的产业现象

曾经风靡一时的电子阅读器，带着企图颠覆传统出版业的野心降临市场。电子阅读器使用与液晶屏幕迥异的技术，采用不伤眼、无反光的电子墨水屏幕，且耗电程度极低，易于长期阅读。事实上，手中捧着电子书，好似阅读铺着玻璃片的纸质书籍一样，保留了良好的阅读体验。

因此，从 2007 年至 2009 年，电子阅读器受到消费大众的追捧。单是 2009 年一年，全球销量就暴增 4 倍，达到 350 万台。[188] 中国市场由汉王科技牢牢把持，该年销量将近 27 万台，市场占有率超过 90%。

然而在当时，中国的电子书产业依然呈高度碎片化，包括阅读器终端厂（如汉王）、内容版权商（如盛大）、技术供应商（如方正集团）、通信服务商（如中国移动）都纷纷进入电子阅读器的领域，这对于传统出版业而言无疑是一股覆盖而来的巨浪。出版商被迫在这个新生的生态圈中寻找自己的定位，却因害怕既有的产业链遭腐蚀而格外小心。这当中，也有出版商选择自行开拓电子阅读器业务（例如中国出版集团）。

汉王科技虽占有全国最多市场，却因为内容的不足而无法打造出完整的生态模式。而盗版内容猖獗、山寨阅读器恶性竞价，都使国内电子书产业难以统合，且无法健全发展。

源于美国的亚马逊（www.amazon.com）是率先打通英语阅读体验的产业链，建立起自营生态圈的赢家。它起源于在线书店，从事书籍类的电子商务。在亚马逊的平台里，有购书需求的消费者是“被补贴方”，能免费获得书籍信息和其他读者的评价。剔除了层层中间商之后，亚马逊的书籍售价也比市面便宜许多。书籍的供应方则是“付费方”，其中有出版社、大盘商、中间商，而亚马逊之后也将平台开放给独立书商。然而，亚马逊真正打通了整个电子书产业链，是在Kindle阅读器面世后才完成的——它与出版商合作，掌握大

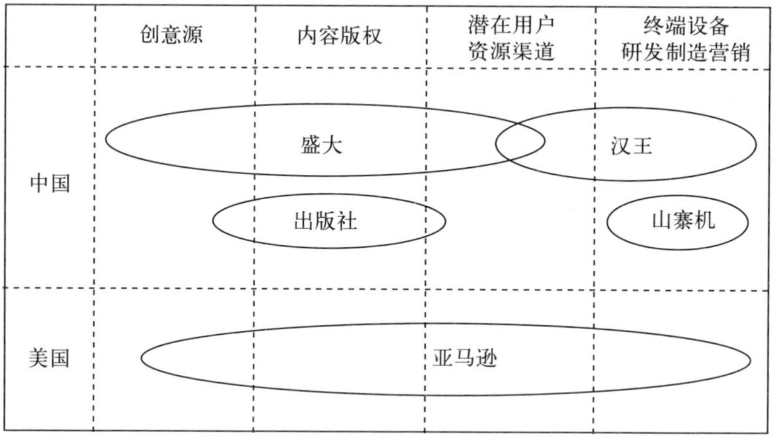

图 6–9　电子书产业分布

注：在中国，各产业环节呈碎片化。西方原来也有此现象，但亚马逊成功地打通了产业链。

量的电子读物，在2012年年初已拥有超过80万种电子书籍，[189] 且通过网络平台进行信息整合，有效汇集顾客渠道。最后，它开创了自己的终端阅读器，堪称水到渠成之举。此时，亚马逊已取得了前所未有的成果。

身为颠覆者的亚马逊知道分散利润池的重要性。它选择的策略主要有两个方向，一是跨入除了图书以外的更多产品领域，二是延伸地理影响力，将电子平台的触角延伸至美国境外，包括欧洲等地。

亚马逊的扩张

亚马逊的电子平台在1998年年底进入欧洲，这自然也引发了当地出版商的忧虑。德国著名媒体公司“贝塔斯曼”，也使全球最大出版商兰登书屋的母公司立即感受到威胁。它的反击方式是与全美最大书籍零售商“巴诺书店”达成战略合作，企图开创自己的线上交易平台，对抗亚马逊所带来的颠覆性攻势。[190]

此时，亚马逊为了防止身为媒体王国的对手采取更具杀伤力的举动，再度扩张电商平台的销售范围，积极涉足影音、童玩、电子商品、野外运动等领域。[191] 此举使战况逐步升级，而亚马逊大大拓展了业务的广度以及整体生态圈的覆盖范围。

另一方面，全美第二大书商“博德斯”一度是巴诺书店的头号劲敌，曾在美国各地设立数百家大规模的“书籍超市”。温暖的灯光、怡人的书香，一踏入博德斯书城，映入眼帘的便是上千本书漂亮地陈列于架上；有各类小说，也有同一封面一字排开于展示柜的畅销书籍。博德斯在全盛期，曾于澳洲、新西兰、新加坡等海外市场拓展据点。不幸的是，在平台模式所带来的变革浪潮中，博德斯晚了一大步。过度安于产业现状，使它一度忽视在线书店的创建，且对电子书的接受度迟缓；待它反应过来时，已比亚马逊及其他对手迟了好几年。即使庞大的书城有琳琅满目的产品供人浏览翻阅，要和网上书店聚集了大量读者评价所引爆的网络效应相比，胜负立即见分晓。博德斯的财务迅速陷入困境。挣扎无果后，博德斯在 2011 年宣告破产，共关闭了 670 多家书店，裁员人数超过 1 万人。[192]

具有讽刺意味的是，早在 2001 年，博德斯还曾与亚马逊达成协议，意兴阑珊地在亚马逊的在线平台销售书籍。它却从未看见在线生态圈所能带来的威胁。这警醒世人：认为在既定产业结构里顾好自己的角色便能立于不败之地，是一种过时的想法。在平台覆盖战略的时代，没有人绝对安全，而且晚一步洞察危机，很可能就是即将关门大吉的导火线。

反观巴诺书店，它虽然以传统书商的角色起家，却拥抱平台时代的趋势——为了对抗亚马逊的覆盖而采取相同战略，拓展起在线销售渠道。而它们这场仗也从电子商务打到电子阅读器——亚马逊的Kindle热销后，巴诺书店便推出名为“Nook”的电子阅读器。虽然Kindle的销量仍占全美第一，但在Nook的帮助下，巴诺书店维持了全美第二的市场份额。

中国的阅读平台生态圈

在大洋另一端的中国，拥有起点中文网、晋江文学城、言情小说吧等诸多文学网站的盛大文学（www.cloudary.com.cn）欲以解决方案提供商的角色进入市场。盛大开放海量的版权内容、图书分销资源、电子书软硬件解决方案等，希望让中国碎片化产业链里的每个成员皆能获取所需资源，为消费者提供更多的电子阅读体验，进而统合整个产业。

这是盛大文学为了打造健全的平台生态圈所作的尝试。换言之，它提供了良好的诱因，但加入的成员必须遵守已制定的规则，这是生态圈战略的骨架。首先，盛大文学号称每日更新 8 000 万字，且作者这一边群体便达 160 万人，提供的作品数已超过 600 万部，[193] 这让盛大游刃有余地通过内容资源的开放，吸引了许多因缺乏内容而忧愁的电子书厂商入驻。其次，分销资源的解决方案包括版权保护体系、支付体系、营销体系，以及盛大文学所拥有的 1.23 亿名活跃用户的读者群体。[194] 最后，软硬件解决方案是针对硬件厂商在开发电子书时可能遇到的成本、周期、设备问题等提供协助。[195] 当然，欲享用庞大的丰富资源库，则必须遵守它的规则。

事实上，对于电子书的终端厂商而言，盛大已经是制造产业的覆盖者。然而盛大文学在全面覆盖的同时，却又提供众多解决方案（比如，其电子书由盛大旗下的果壳公司管理），诠释着生态圈复杂的竞合关系。

不久之后，盛大确实推出了电子阅读器“锦书”，通过自己掌控内容方的优势，实施补贴战略，降低设备的售价（锦书上市后不久便调降价格至 499 元人民币，较汉王上千元不等的阅读器便宜许多）。此举是为了给用户提供更好的服务，以更低的硬件价格降低用户的使用门槛，提升阅读体验。上市一年多的时间，锦书的市场份额已超过 30%，随着产品的改良，其市场份额还在不断地攀升。[196] 反观汉王，一度占有中国 95% 市场，[197] 却在两年间降至 60% 以下。[198]

Kindle的模式

故事回到亚马逊的Kindle。亚马逊在通过网上平台掌控了读者基数后，开始进军电子阅读器市场。而它所采用的战略确实深具产业颠覆性。通过Kindle阅读器下载一本电子书的零售价大约9.99美元，这比亚马逊支付给某些出版商12~14美元不等的价格还要低。这种在畅销内容方面采取亏损的补贴策略，是为了吸引消费者为自己投资购买一台Kindle电子阅读器。而阅读器本身的价格，当初定位在260~490美元之间，有非常大的利润空间。[199] 因此亚马逊打的算盘是通过补贴内容方，让有阅读需求的用户人手一机，除了通过硬件赢利，更能迅速渗透市场。

上述的情形正是亚马逊对传统出版商的覆盖战略：通过补贴模式，以低于市场价的方法供应内容来抢夺读者群体，这正是出版商做不到的，因为读者群正是出版商一直以来的唯一"付费方"！而且多数出版商都没有终端阅读器可供销售，也缺乏线上平台分散利润源的措施，因此，他们只能沦于彷徨却毫无应对方法的境地。而亚马逊能将此模式倒过来实行，是因为它有本钱将读者视为"被补贴方"，以硬件的销售和线上平台的利润为利润来源。

当然， 在iPad出现之后，这种模式也受到了相当大的冲击。

苹果的颠覆策略

苹果iPad拥有视频、网络、电子邮件、地图、行事历等内建应用程序，是个多功能的娱乐媒体中心。iPad覆盖的产业数量众多，包括影音、电脑、游戏，以及文学出版。在过去，苹果运用iTunes顺利破除了音乐产业的窘境，拆解了以往的专辑打包卖法，以 0.99 美元销售单曲；而iPad面世之后，苹果施加了更多力量，打算对电视剧采取同样的策略。人们现在可以花 1.99~3.99 美元不等的价格购买一集影视剧，如《绯闻女孩》、《迷失》、《斯巴达克斯：血与沙》等畅销剧作。对于传统电视剧来说，一直以来的产业惯例都是以打包方式推广，包括有线电视月租费、大批影视剧下载费用等。苹果的模式着实打破了此传统。用户还能以 14.99~19.99 美元不等的价格购买院线电影来观赏，或选择以更便宜的价格进行电影的“租赁”（保存 30 天，开始播放 24 小时内必须观赏完毕）。苹果对于影视剧方面的影响力，可以说是在携带方便、屏幕大小适中的iPad问世后，才得到了体现，这无疑对传统电视台、影视剧出租行业均造成打击。

iPad也对电脑——尤其是笔记本电脑——造成前所未有的冲击。它能上网，能使用苹果电脑的许多程序，还能下载十几万种专为iPad设计的应用软件。在苹果推出iPad后，个人电脑的销售量直线下滑。2011 年，以往依赖笔记本电脑为销售主轴的大厂，如惠普、宏基、戴尔均出现负成长，眼睁睁看着销售额度被iPad侵蚀。而上网本①更在风行不过两年多之后，几乎销声匿迹了。iPad的意义在于，过去那段电脑推陈出新、只专注于加强处理器速度和存储器容量的时代已成历史，新时代消费者更重视的是愉悦的用户体验，以及更加人性化的产品价值。

当然，遭iPad冲击最大的产业，便是电子书。专为iPad设计的iBooks（电子阅读器）平台是个能让用户阅读、购买电子书的应用软件，且能协助用

① 掀起上网本风潮的是华硕于 2007 年推出的Eee PC，在大批量生产推广下获得群众青睐，这促使众多山寨版上网本跟着进入市场。

户整理自己的电子书库存，以图像方式呈现在虚拟书架上，充分满足用户的收集欲望。iPad 9.7 英寸的触碰屏幕掳获了使用者的心，让各路电子书产品的销量纷纷停摆。就连中国电子书第一大厂的汉王也深受重创，市场份额锐减。更严重的是，汉王在 2011 年前三季便亏损超过 2.77 亿元，这是其 2010 全年净利润 8 790 万的 3 倍。[200]

而苹果iPad和亚马逊Kindle的真正角逐，体现在他们共同抢夺的内容边——也就是出版方身上。

覆盖者之战

出版商与电子书商交涉往往非常小心，因为他们担忧数字内容的边际成本为零，一遭复制，很轻易便能推翻长久以来卖一本书赚一份钱的产业形态。亚马逊Kindle以补贴价换取电子书贩卖额度的商业模式更令出版商恐慌。举例来说，美国六大出版商之一的麦克米兰公司便无法接受这些条件，它希望亚马逊将 9.99 美元的畅销书价格提升至 14.99 美元（但这仍比精装版实体书的普遍售价 25 美元要低很多）。

当亚马逊拒绝配合，麦克米兰发出了最后通牒：若亚马逊维持目前低于批发价的模式，出版商将推迟供应畅销书的电子版本数个月。当时，身为竞争对手的苹果的策略，是给出版商一个自行制定价格的区间——在 15 美元以内，而苹果分得利润的三成。因此出版商希望亚马逊依据苹果的定价开放策略，它们会让电子书和实体书同时上市，但出版商必须拥有制定价格的权利。[201]

亚马逊采取了极端的反击策略——从它的线上书城取消了许多麦克米

兰出版社书籍的下单功能，并封锁其电子书版本。波及的作品包括曾获众多国际文学奖的著作《狼厅》，以及小说界期盼已久的奇幻经典巨作《时光之轮》①。此举使整个出版界哗然。[202]

新进者苹果的战略是以更加中立的平台角色，取代亚马逊过去善于压价的补贴模式。iPad将定价权重新交还给出版商，换取其转换生态圈的意愿。面临苹果欲抓住出版商、进而抓住读者群体的生态圈整合战，亚马逊知道自己根本没有机会获胜，最终选择让步了。

亚马逊接受让出版商在12.99~14.99美元的区间定价，并分得30%的佣金。这等于和苹果iBook提出的条件一致，是战略上的应对，也是逼不得已的考虑。然而故事还未完结，这次的覆盖战争才刚点燃亚马逊与苹果的生态圈之战。

亚马逊的反攻

亚马逊开始邀请众多开发商，为Kindle制作第三方应用软件，以相应的策略准备面对多功能、多媒体支持的iPad。亚马逊的反击策略更延伸到创作的源头——作者群体。

作者可以在Kindle发表作品，直接面对市场。[203]如此一来，亚马逊的生态圈又正式添加了一个“边”的创作者群体，这是对出版商未来的吓阻，也是抢先iPad一步的必要策略。同时，为了直接挑战苹果，亚马逊在2011年9月推出同为触碰屏幕的平板电脑Kindle Fire，与iPad竞争。通过Kindle Fire，

① 时光之轮系列的原作为奇幻大师罗伯特·乔丹。在他逝世后，由后起之秀布兰登·山德森接手完成最终三部曲的撰写。

用户得以接触到上万部电影、歌曲、游戏、应用软件，以及电子书籍、杂志。这俨然是亚马逊拓展自家地盘的方式，也是为防苹果深度覆盖的对应战略。

由于亚马逊本身就是传统出版业的颠覆者，也是积累了可观内容量的生态体系，握有与苹果抗衡的筹码，因此，并未沦落至汉王等纯粹终端制造商的境地。

值得一提的是，苹果对音乐领域的战略方针与其对电子书采取的方式完全两极化。iTunes所坚持的9.99美元策略，与亚马逊对电子书的想法有异取同工之妙。那么，为什么进入电子阅读领域时，苹果反而选择交出定价权？其中一个原因是产业格局。iTunes进入音乐界时，没有任何平台威胁者，但在出版领域，iBook则必须面对已打下坚实基础的产业大佬亚马逊。虽然消费者基数将决定最终的赢利潜能，但内容方会影响消费者栖息于何处的意愿。权限的赋予，正是引诱某方群体进驻的最佳方式。因此，苹果选择让出更多优惠给出版商，借以动摇亚马逊生态圈的根基。这是两种不同平台机制的战争。

再者，iTunes对产品价值进行拆解，零碎的单曲以标准化定价，会有消费上的心理优势。但各书本间的衡量基准更加迥异，非但字数不同，有作者花几个月写一本书，也有作者耗尽数年才完成一本著作，标准化定价无法体现出产品的价值。然而，若有平台将书籍拆解为章节或字数来销售，像起点中文网一样进行标准化定价就说得通了。

多层级平台战略

平台企业筑起生态圈的演化过程中，最有效的方法便是软件硬件通吃。就这一点来评判，亚马逊和苹果都做到了。亚马逊还为黑莓机和安卓系统打造Kindle的界面程序，让有不同需求的用户可以在不同终端机上阅读Kindle的内容，这也是亚马逊扩大生态圈的策略——提供软体界面以打通硬件领域。因此，亚马逊的平台战略分为三个层级：

第一层级——以在线平台吸取内容，包括出版商、书商。

第二层级——以Kindle Store（电子书市场）整合资源，开放应用，开放作者直接授权，及整合第一层级资源。

第三层级——在终端呈现价值给消费者，包括自营终端及对手的终端，整合第一层级和第二层级资源。

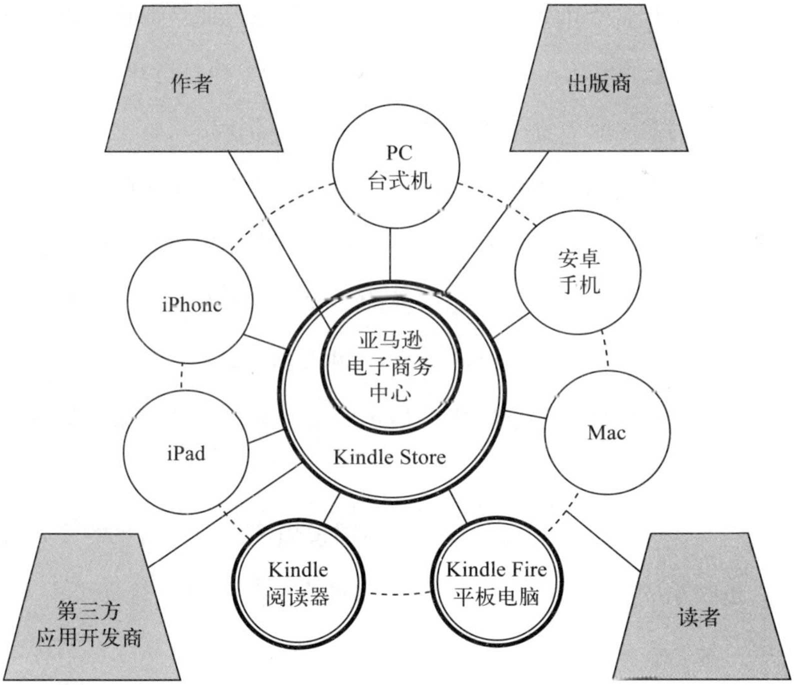

图 6–10　亚马逊的多层级平台战略

现在，人们甚至能在iPhone、iPad上下载Kindle的阅读软件。这种竞合共存的形势将覆盖者之间的关系高度复杂化，其战略拟定也更需谨慎。盛大文学所创的“云中书城”（www.yzsc.com.cn）便基于此概念，在2011年2月开始独立运营后，“云中书城”目前已进入安卓软件市场，且有望渗透更多终端阅读器，拓展盛大文学的生态体系。

支撑平台生态圈的关键便是软件内容是否多元、丰富。就此方面而言，苹果、亚马逊两家公司则各有其核心基础——苹果靠iTunes提供音乐，并借着App Store提供所谓“微型平台”的第三方应用软件。亚马逊则是以图书为核心，逐步朝各方业务拓展的电子商务平台。当然，亚马逊也意识到第三方应用会是无法避免的战场，早已采用与苹果相称的策略打造开发商平台。

而在iPad刚推出时，许多国外的评论家曾认为iPad将打击苹果的其他自家产品。这是基于屏幕大小作出的表面推测，却没看见苹果的战略精髓。事实上，早在iPad问市之前，平板电脑（作为一个硬件来销售）就已出现，只是从未掳获消费者的心。在iPad诞生前的2008年与2009年，平板电脑全球销售额一年不过100万台。[204] iPad问世的28天内，就已卖出了100万台。这是只有采取生态圈战略才可能达成的销售成果。它具有前所未有的魅力，能持续扩大覆盖范围。

事实证明，iPad并未打击自家产品的销售额度，因为苹果的爱好者通常会购买生态圈里的所有产品：无论使用哪种终端，所有内容都可同步连接。如果在iPhone上看一部影片，回到家后打开iPad，便可以从之前暂停的地方继续观赏（因此，在各种大小的终端到位后，苹果继而推出iCloud（云端连接服务）；这乃是合理且有效的战略演进动作）。而对那些尚未体验过苹果产品的消费者来说，从哪个终端平台切入都行，因为所有终端产品都能让他感受到苹果生态圈的独特风格与内涵。有健全的软件平台支持，发展出的终端设备都有额外的加分作用，成为生态圈深入各种市场的触角。反之，若生态圈内部体系不健全，终端设备则可能啃蚀掉彼此的存在价值。硬件平台给了软件平台躯体，软件平台赋予硬件平台灵魂。

苹果无疑是个多环状生态圈，而在它的体系中央，是以iTunes与App Store为核心的软件平台。每款新推出的硬件——无论是iPhone、iPad、Mac——都是体现生态圈价值的终端硬件平台。所以，iPad的成功可谓水到渠成。环环相扣的平台模块相辅相成，筑成强健的生态体系，从各个角度切入消费领域。

平台战火折射出了新型的战略需求。现今的商业战略思想已不能只从单一角度来考虑，而必须从生态圈对抗生态圈的角度去诠释，这样才能正确拟定出应对之策。

结语

打造一个多方共赢的生态圈

一家平台企业的终极目标，在于打造出拥有成长活力和赢利潜能的生态圈。

本书谈到如何建立平台生态圈的基本机制体系，以使企业引爆网络效应并实现大规模成长。同时也探讨时间、地理和实体硬件设备在平台战略中所扮演的角色，以及生态圈之间“赢家通吃”的竞争与颠覆以往产业模式的强力覆盖战争等议题。

若想将平台战略发挥到极致，最重要的是打造一个多方共赢的生态环境，并在平衡中成长。无论是一个依循基本的双边、三边模式的平台企业，还是一个已连接了无数边群体的平台帝国，都得妥善经营所有参与者共同联系起来的网状关系，满足所有使用者的需求，共同成长获利，并且有效维持生态圈的利益平衡，并在平衡中携手前进。

然而，无论是何种形态的平台企业，最关键的制胜之道是“有能力为各边用户提供最多利益与最能满足各边用户的需求”，才能在竞争与覆盖之中胜出。淘宝网、亚马逊等电子商务平台，便是通过扶植商家壮大，为网民提供多样的商品选择，发展出生态圈优势的。苹果或安卓等移动应用平台也是通过让“愤怒的小鸟”、“神庙逃亡”等第三方游戏接触到广大使用者，才壮大了自己。反之，当平台企业危害到生态圈成员的利益时，随之而来的反弹有可能瓦解平台的优势。此种反击体现在苹果与亚马逊的出版业之争，以及腾讯与360之战。因此平台战略的精髓，在于打造一个多主体共赢互利的生态圈。只有让栖息在生态圈中的多数成员获得壮大的机会，并享受到福利——无论是提供免费服务还是协助他们赚到钱——平台企业才有可能共同壮大，并持续获利。

我们在此简短地综合整本书所介绍的平台战略精髓，提出以下开展平台事业的实战守则。

首先，必须摆脱“只专心服务单边使用者”的传统思维框架，将平台事业定位为可以服务“多边”群体的机制，连接起各群体之间的跨边网络效应，并增强同边群体间的同边网络效应。然后决定补贴模式，设定谁是“付费方”、谁是“被补贴方”。同时建立用户过滤机制，决定对每一边群体实施多少开放程度以维护生态圈的质量。然后小心审视最重要的赢利模式——在各群体对彼此需求最强大的关口设置赢利的机制，并且有效挖掘用户数据以探索更多元的赢利渠道。

其次，生态圈大幅成长的关键，除了赢得“意见领袖”的青睐，更要跨越网络效应的真空带，突破临界数量，促成正向循环，将潜在用户通通拉进来。该怎么做呢？方法包括：纳入知名用户以达到推波注澜的效果、拟定细分市场以迎合多元需求、多方向操控累积话语权，以及制定有效的定价策略来推动各边成长。遵循察觉、关注、尝试、行动这四大环节建立营销机制，吸引用户进驻生态圈。而当用户踏进来后，再聪明地提高转换成本，将他们留在生态圈之内。

再者，面对竞争时，平台企业必须留意自己所处的产业是否存在天然的“赢家通吃”现象，并通过提升跨边网络效应、同边网络效应、转换成本等来达到战胜竞争对手的目的。更重要的是，平台企业必须清楚知道自己的定位：在所有同质的竞争者当中，你的生态圈究竟占有多广及多深的市场范畴？当然，最重要的是确保生态圈的机制体系有良好的延展性，那么当市场突然飞速成长时，你将比竞争对手扩张得更快、更稳固。

最后，平台模式挂帅的世界也带来了种种威胁。所有企业都要留意新形态的“覆盖”战争——利润池捣毁之战。敌人可能从你周围的任何方向出现：可能是曾经与你互补的相邻产业，可能是与你有共同替代性的重叠产业，可能是来自不同维度的交叉产业，也可能是来自毫不相关的产业。更骇人的是，最强大的覆盖者多半属于多环状生态圈，也就是由众多平台组成的庞大帝国。它们可以实施难以想象的补贴策略，彻底颠覆你的产业现状。为了面对覆盖者的威胁，你可以采取和对手相称的战略模式，或设法分散你的利润池，或寻找异业同伴一起对抗覆盖者。

我们估计，在未来的几十年内，绝大部分的商业领域都将遭到平台模式的洗礼。这是令人欣喜且兴奋的事。食、衣、住、行、育、乐等各环节，都会源源不断地冒出创新的平台思维，彻底改变人群行为和产业模式。

在未来，每个人身上形影不离的小东西都有可能成为平台的载体，包括钱包、卡形钥匙、手表，甚至项链与耳环。通过电子标签等技术，可以将一粒米大的芯片植入信用卡、电话，甚至人体之中，进行地域追踪和信息搜集。当你走进购物商城，里面的商家可能立即获得中国电信的通知，为您发出个性化的促销短信，每一条都是你心中想要购买的物品，吸引你走到店里参观；同时在商城内设店的苏宁电器也可能向你发出邀请——“您昨晚在线浏览几款智能电视却未能下决定，欢迎到实体店内体验，我们已指派专人为你解说，10 分钟就可以协助您作出满意的决定。”

此外，谷歌已推出了“谷歌眼镜”，欲覆盖手机屏幕的功能，并通过语言来进行网络互动，你可以将眼前雄伟壮阔的阿拉斯加冰河实时传播给家里的亲人共享，任何人都可以直接联机社交平台，分享由亲友眼镜上传的全球实时更新的影音文字，不再需要看旅游频道。另一方面，若结合芯片技术，项链可成为视频联系媒介，甚至是投影、摄影工具；耳环则可以成为汽车与家门的无线钥匙，只要主人接近便打开第一道锁，欢迎你回家。人们惯于戴在身上的这些东西可以成为平台媒介，也可以成为新一代移动信息的记录器，依照每一个人独有的生活轨迹制定出完完全全个性化的信息服务，并依此创造赢利渠道。

除了随身携带之物，汽车也将是个受瞩目的载体。GPS（全球定位系统）、蓝牙、互联网、数字电视成为私人房车的基本配备已不算新闻，未来人们将看到更多与生活轨迹相关的平台企业，并找到方法将其融入私用汽车领域中。比如，通过追踪地理位置找出邻近餐馆的菜单、图片和点评，或是歌剧、电影等周末娱乐项目的预告片。人们将看到车窗上有一部分成为触控面板，协助驾驶人员寻找路径或信息，也可能在旅游的路上，发现同事一家人也前往同一目的地而正好结伴同行，并抢先享受旅游景点门票的团购优惠。

而大众运输网点、休闲集会场所、教育及公共场所等人流聚集之处，都可能引进平台概念，成为信息枢纽和供给需求的配对所。我们已看到车站、机场已成为各类商店进驻的场所，未来这种现象只会更加多元。例如，以前进驻机场的商店只为了进行商品销售，但外交官箱包机场专卖店已成为提供休息服务、旅游信息，甚至社交服务的平台。公园和电影院会成为人们可以下载公共资源的地方，而各种食衣住行的必要需求将被打包起来提供给大众。

可以预见的是，平台模式将渗透商业领域的每个细微角落，成为新世界的战略主轴。我们甚至可以大胆预测，任何地方只要有供给和需求的商机，就会出现平台企业。

不仅企业单位如此，政府及非营利组织也会利用平台的概念扩大影响力。比如，距上海市区 50 公里的临港开发区，占地 310 平方公里（比上海浦西 9 个行政区加起来还大），计划建设成制造、创造、休息等基地，决定大上海区及全中国下一个 20 年的持续竞争优势。它运用平台的思维框架打造出自成一格的生态环境，让产业、交通、商家、教育机构等陆续入驻。苏州电视台也突破传统媒体单向传播的思维，搭建民众与政府各单位的桥梁，目前苏州人民已可以从手机上实时获得家门口站牌的下一班公交车几分钟后到达，省去许多在烈日下苦等的煎熬。苏州电视台还打通医院信息的环节，使苏州人民可以从手机上实时获知其挂号的诊室目前进行到了几号病患，距离自己的诊号还有几分钟。美国政府架起 data.gov 平台，让社会大众能够便捷地接触到中央政府的数据资源，同时公众也可通过这些平台媒介，成为政府单位的眼与手，作出公众信息的实时反馈，作为政府施政的参考。教育界和知识界也在改变，过去只有权威人士可以触碰的科学领域，但现在平台模式已逐渐连接起业余大众，汲取众人之力来分析浩瀚的宇宙。甚至连国际和平组织也开始运用平台概念设法降低地缘纷争。

正如 18 世纪的欧洲摒弃了传统思维，让新颖的概念涉足科学、文学、政治、哲学诸多领域，彻底改变了世界的面貌与人类文明的进程，直至野火燎原，遍及欧洲大陆每个角落，人们才将那一时代现象称为“启蒙运动”。

而现在，我们正站在一波浪潮的尖端。每一天有无数新诞生或新转型的企业都采用了平台概念，彻底改变了过去数千年的商业行为，甚至是文明演进的方式。未来的某一天，当人们回头看，会发现，现在的我们正身处于“迈向平台战略的引爆时代”！

参考文献

1. 腾讯官网。

2.《企鹅传奇》。

3. 腾讯官网。

4.《长不大的MSN中国》,《FT中文网》,2010年11月。

5. www.lhzq.com/index.jsp?pageAlias=news_cont&newsid=1344635

6. iResearch Report:《2007年中国网路经济市场份额报告》。

7. http://tech.qq.com/a/20081211/000178.htm

8. 大众点评网官网。

9. http://blog.dianping.com/archives/77(大众点评网官方博客)

10. 盛大文学官网。

11. http://news.uuu9.com/2010/201005/138716.shtml

12. 起点中文网官网。

13. https://www.mylookout.com/appgenome

14. http://www.chinacir.com.cn/qbzx/article.asp?id=2410

15. http://techcrunch.com/2011/03/02/apple-announces-100-million-iphones-15-million-ipads-sold/

16. http://digitaldaily.allthingsd.com/20110302/apples-ipad-2-event-by-the-numbers/?mod=twitter&utm_source=twitterfeed&utm_medium= facebook

17. http://www.macrumors.com/2011/01/22/app-store-hits-ten-billion-downloads/

18. http://wenku.baidu.com/view/3d18e288d0d233d4b14e6989.html（百度文库）

19. http://www.vg247.com/2010/12/13/infinity-blade-is-fastest-ever-grossing-app/

20. http://wenku.baidu.com/view/3d18e288d0d233d4b14e6989.html（百度文库）

21. http://zj.pcgames.com.cn/iphone/new/1102/2126728.html

22. http://www.nytimes.com/2010/02/17/technology/17apps.html

23. http://www.guardian.co.uk/technology/2011/jan/31/android-symbian-smartphone-sales

24. http://www.mobilemag.com/2011/03/03/nielsen-breaks-down-smartphone-market-share-by-brand-and-age/

25. http://seekingalpha.com/article/230710-apple-s-ceo-discusses-f4q10-results-earnings-call-transcript?source=thestreet

26. https://www.mylookout.com/appgenome

27. http://www.p5w.net/newfortune/qianyan/200904/t2282093.htm

28. http://www.qz97.com/blog/index.php/article/xinchoufuli/2010-07-19/1038.html

29. 前程无忧官网。

30. http://www.p5w.net/newfortune/cy/200811/t2014844.htm

31. 世纪佳缘官网。

32. http://money.163.com/10/1222/02/6OFMF1J300253B0H.html

33.《营销是团购模式的真相》，《管理学家》，2010 年第 8 期。

34.《网路团购：新消费模式》，《英才》，2010 年第 8 期。

35.《两类团购网或可看好》，《中国证券报》，2010 年 07 月 13 日。

36.《营销是团购模式的真相》，《管理学家》，2010 年第 8 期。

37. http://www.theatlantic.com/technology/archive/2010/12/forget-journalism-school-and-enroll-in-groupon-academy/68257/

38. http://online.wsj.com/article_email/SB10001424052748704828104576021481410635432-lMyQjAxMTAw MDEwODExNDgyWj.html

39. www.lhzq.com/index.jsp?pageAlias=news_cont&newsid=1344635

40. http://tech.sina.com.cn/i/2009-06-07/08573156432.shtml

41. 《便捷的优惠券》，《21 世纪商业评论》，2008 年 12 期。

42. 《亚洲周刊》封面专题，2011 年 1 月 30 日。

43. Nick Bilton, I Live in the Future and Here's How It Works: Why Your World, Work, and Brain Are Being Creatively Disrupted. 中文版：《一位数位移民的告白》。

44. 李开复，《微博改变一切》。

45. http://www.linkchant.com/tech.asp?id=1030

46. http://www.linkchant.com/tech.asp?id=1030 and http://www.soft568.com/

info/detail/5-26786.html

47. 《未来资产》，新浪微博研究报告。

48. 李开复，《微博改变一切》。

49. 《新经济导刊》，2011 年 9 月号（总第 184 期）。

50. http://tech.qq.com/a/20110206/000039.htm

51. 《新经济导刊》，2011 年 9 月号（总第 184 期）。

52. 同上。

53. 分众传媒官网。

54. 刘世英，《分众的蓝海——江南春的创意神话》，2006 年第 1 版。

55. 同上。

56. Parker & Alstyne, Two-Sided Network Effects

57. http://tech.sina.com.cn/i/2006-07-01/17311016889.shtml

58. http://wenku.baidu.com/view/cf6d0323aaea998fcc220eb7.html（百度文库）

59. http://www.bloomberg.com/apps/news?pid=newsarchive&sid=aFkFW4ZfxsYk

60. 世纪佳缘官网。

61. 《折扣券生意经》，《IT 经理世界》，2009 年 06 期。

62. http://jiangrock.blog.163.com/blog/static/10001574320100652134388/

63. 《VELO 从桌面到手掌的革命》，《经营者》，2009 年 Z2 期。

64. http://jiangrock.blog.163.com/blog/static/10001574320100652134388/

65. 维络城官网。

66. 《维络城 VS 会购 决战新街口》，《商界》，2010 年第 9 期。

67. 《折扣券生意经》，《IT 经理世界》，2009 年 06 期 。

68.《便捷的优惠券》，《21 世纪商业评论》，2008 年 12 期。

69. 张路、吴比，《盛大传奇》，2007 年第 1 版。

70. http://finance.qq.com/a/20100708/002677.htm

71. iResearch:《第八届中国网路游戏调研报告》。

72. 盛大 2008 年财务报告。

73. iResearch:《第八届中国网路游戏调研报告》。

74. http://stock.sohu.com/20080729/n258439174.shtml

75. http://tech.qq.com/a/20091118/000022.htm

76. http://www.chinalabs.com/html/shichangpinggu_wenzhang/2010/0304/31925.html

77. http://www.it.com.cn/edu/softhotnews/technews/2011021609/963979.html

78.《第三方支付的“接入商”拉卡拉》,《21 世纪商业评论》, 2010 年 06 期。

79.《拉卡拉：便捷支付，一刷搞定》，《中国信用卡》，2010 年 09 期。

80.《中国达人秀：小人物 大梦想》,《第一财经日报》, 2010 年 9 月 30 日。

81. 无线T恤公司官网。

82. Lakhani & Kanji, Threadless: The Business of Community, Harvard Business School Case。

83. 同上。

84. http://techcrunch.com/2011/02/21/threadless-crowdsourcing-causes/

85. http://tech.ifeng.com/internet/detail_2010_11/24/3217585_0.shtml

86. http://tech.v1.cn/ityj/2010-10-25/1287970287388_2.shtml

87. http://www.techweb.com.cn/internet/2010-11-24/721749.shtml

88. http://djne.net/internet/315.html

89. 《梦想照进“位置”》，《新财富》，2010 年 8 月。

90. 同上。

91.《LBS 应用破冰求解赢利难题》，《中国经济时报》，2011 年 01 月 13 日。

92.《梦想照进“位置”》，《新财富》，2010 年 8 月。

93.《支付新形式：刷卡机推进家庭》，《现代商业》，2010 年 16 期。

94. http://www.neweekly.com.cn/index/newsview.php?id=1189

95.《他要缔造“百步之内”的神话》，《东方企业文化》，2009 年 08 期。

96. http://finance.ifeng.com/roll/20110118/3218582.shtml

97. http://www.e800.com.cn/articles/2012/0105/501292.shtml

98.《拉卡拉：较劲支付宝》，《中国企业家》，2010 年 05 期。

99. http://www.neweekly.com.cn/index/newsview.php?id=1189

100.《拉卡拉：便捷支付，一刷搞定》，《中国信用卡》，2010 年 09 期。

101. http://www.e800.com.cn/articles/2012/0105/501292.shtml

102. http://www.eguan.cn/cache/1247/97994.html

103. http://www.e800.com.cn/articles/2012/0105/501292.shtml

104. http://www.donews.com/net/201105/478725.shtm

105. 同上。

106. http://www.dreamgrow.com/top-10-social-networking-sites-by-market-share-of-visits-septembe-2011/

107.《2011 年度公司人品牌调查社交类网站榜单》，《第一财经周刊》。

108. http://www.bianews.com/news/96/n-209596.html

109. http://blogs.wsj.com/digits/2011/09/12/groupon-grabs-market-share-from-livingsocial/

110. http://news.cntv.cn/20110803/113152.shtml

111. http://b2b.netsun.com/detail--4969786.html

112. iResearch:《2010 年第一季度电子商务核心数据发布》。

113. Rochet & Tirole, Platform Competition in Two-Sided Markets

114. 同上。

115. iResearch:《中国网路招聘行业年度监测报告（2010~2011 年)》。

116. iResearch:《2004 年各种招聘方式所占市场份额》。

117. http://www.chinaz.com/news/2011/0922/211259.shtml

118. iResearch:《中国网路招聘行业年度监测报告 2010-2011 年》。

119. http://www.chinaz.com/news/2011/0922/211259.shtml

120.《当前网路招聘行业发展特点》,《中国人才》2010 年 07 期。

121.《前程无忧之“忧”》,《理财杂志》，2008 年 10 期。

122. http://content.businessvalue.com.cn/post/3203.html

123. http://mashable.com/2011/02/19/youtube-facts/

124. http://www.onlinemarketing-trends.com/2011/01/youtube-numbers-and-figures.html

125. http://www.techweb.com.cn/people/2008-09-22/365305_2.shtml

126. http://searchengineland.com/youtube-owns-video-share-vevo-gaining-viewers-43379

127. http://tech.sina.com.cn/i/2011-08-15/16225930712.shtml

128. http://news.xinhuanet.com/eworld/2010-05/28/c_12154309.htm

129. http://www.techweb.com.cn/people/2008-09-22/365305_2.shtml

130. 优酷官网。

131. http://content.businessvalue.com.cn/post/3203.html

132. http://china.toocle.com/cbna/item/2008-09-26/3842619.html

133. http://tech.sina.com.cn/i/2011-08-02/11145870522.shtml

134. http://news.xinhuanet.com/tech/2011-11/10/c_122259032.htm

135. http://blog.sina.com.cn/s/blog_4a7c1af30100n6ms.html

136. 珍爱网官网。

137. 百合网官网。

138. http://tech.qq.com/a/20080610/000182.htm

139. http://www.timeenet.cn/detail1.asp?hw_id=2635

140. http://www.chinalabs.com/html/shichangpinggu_wenzhang/2009/0901/30013.html

141. http://www.chinalabs.com/html/shichangpinggu_wenzhang/2010/0308/31964.html

142. http://www.daliandaily.com.cn/gb/daliandaily/2010-09/03/content_3149470.htm

143. http://bschool.eol.cn/bschool_glxz_10027/20110110/t20110110_568444.shtml

144. http://education.cqnews.net/jrjy/rdxw/201002/t20100214_4097236.htm

145. http://tech.sina.com.cn/i/2010-02-23/01183870979.shtml

146. 同上。

147. http://www.p5w.net/newfortune/cy/200811/t2014844.htm

148. 世纪佳缘官方网站 2010 年 5 月 1 日数据。

149. 世纪佳缘官方网站 2011 年 2 月 25 日数据。

150. http://www.gf.com.cn/cms/newsContent.jsp?docId=968095

151. http://www.insidefacebook.com/2010/07/19/as-facebook-prepares-to-announce-500-million-users-a-look-back-at-its-traffic-growth/

152. http://www.jfdaily.com/a/1822585.htm

153. http://www.ews.uiuc.edu/bstats/months/9604-month.html

154. http://www.pcmag.com/article2/0,2817,2259414,00.asp and http://news.cnet.com/2100-1001-207681.html

155. http://soft.softhouse.com.cn/news/show/34168.html

156. 奇虎 360 官网。

157. http://www.ciotimes.com/safety/aqrj/39200.html

158. 奇虎 360 官网。

159. http://www.ciotimes.com/safety/aqrj/39200.html

160. http://www.china.com.cn/economic/txt/2010-11/04/content_21273883.htm

161. http://www.yixieshi.com/it/8831.html

162. http://tech.sina.com.cn/i/2010-11-04/00494824773.shtml

163. http://tech.sina.com.cn/i/2010-11-06/03274835198_2.shtml

164. http://baike.baidu.com/view/4633773.htm?fromenter=3Q%B4%F3%D5%BD

165. http://www.traveldaily.cn/news/40296_0.html

166. 携程 2010 年度财务报告。

167. http://www.techweb.com.cn/business/2011-04-14/1017714.shtml

168. http://www.vsharing.com/k/vertical/2011-3/A642299.html

169. http://tech.163.com/11/1213/14/7L5N7GQF000915BF.html

170. http://tech.sina.com.cn/i/2010-10-24/09224781778.shtml

171.《数字商业时代》第 7 期封面故事，2009 年 3 月。

172. https://biz.airchina.com.cn/airchina/clpt.jsp

173. http://hotel.csair.com/modules/hotel/fastsale7/index.html

174. http://www.17u.net/news/newsinfo_181811.html

175. http://www.ce.cn/cysc/mobile/ch/200712/25/t20071225_14027021.shtml

176. http://www.ssap.com.cn/WebSites/PaperInternet/ChannelManager/ShouYe/PiShuShuJu/nb7bHS8eAyTgz9hfD4O9ntPTgnuvrPR2kzCEXgbhcmsbhcms.htm (新媒体蓝皮书 2011)

177. http://www.ce.cn/cysc/mobile/ch/200712/25/t20071225_14027021.shtml

178. http://www.miit.gov.cn/n11293472/n11293832/n11294132/n12858447/13578942.html

179. http://www.leiphone.com/whatsapp-bucks.html

180.《互联网周刊》，2011 年 10 月 5 日第 19 期（总第 505 期）。

181. http://www.donews.com/original/201112/1023258.shtm

182. http://www.chinaz.com/Webbiz/BizPlan/052CH5R009.html

183. http://mashable.com/2010/02/03/amazon-touchscreen-kindle/

184. http://www.washingtonpost.com/wp-dyn/content/article/2010/02/02/AR2010020203910.html?hpid=artslot

185. http://www.bnext.com.tw/article/view/cid/0/id/20089

186. http://www.nytimes.com/2010/02/17/technology/17apps.html

187. http://www.gomonews.com/wholesale-applications-community-operators-challenge-to-apple-and-google/

188.《汉王科技上市招股书》。

189. 亚马逊官网

190. http://news.cnet.com/Amazon-takes-on-Europe/2100-1023_3-216809.html

191. http://phx.corporate-ir.net/phoenix.zhtml?c=176060&p=irol-corporateTimeline from Amazon Official Website)

192. http://www.cleveland.com/business/index.ssf/2011/07/borders to close all 399 bookstores sending book-lovers reeling.html

193.《盛大“锦书”：将触发业内洗牌？》，《创意世界》2010 年 11 月。

194. http://www.pcpop.com/doc/0/520/520500.shtml

195.《盛大“锦书”：将触发业内洗牌？》，《创意世界》2010 年 11 月。

196. http://industry.caijing.com.cn/2011-11-16/111415143.html

197. http://bjyouth.ynet.com/article.jsp?oid=69815616

198. http://industry.caijing.com.cn/2011-11-16/111415143.html

199. The Amazon-Macmillan book saga heralds publishing’s progress, Washington Post http://www.washingtonpost.com/wp-dyn/content/article/2010/02/02/AR2010020203910.html?hpid=artslot

200. http://it.southcn.com/9/yn/content/2011-12/26/content_35554342.htm

201. Publisher Wins Fight With Amazon Over E-Books, New York Times http://www.nytimes.com/2010/02/01/technology/companies/01amazonweb.html and The Amazon-Macmillan book saga heralds publishing's progress, Washington Post http://www.washingtonpost.com/wp-dyn/content/article/2010/02/02/AR2010020203910.html?hpid=artslot

202. Publisher Wins Fight With Amazon Over E-Books, New York Times http://www.nytimes.com/2010/02/01/technology/companies/01amazonweb.html

203. The Amazon-Macmillan book saga heralds publishing's progress, Washington Post http://www.washingtonpost.com/wp-dyn/content/article/2010/02/02/AR2010020203910.html?hpid=artslot

204. The iPad Threat to PCs, Bloomberg Businessweek http://www.businessweek.com/technology/content/jan2010/tc20100127_783646.htm